千葉大学教育学部附属小学校

JN035357

2021年度版 過去問題集

プリント式!!

すべての問題にアドバイス付き!

<問題集の効果的な使い方>

① お子さまの学習を始める前に、まずは保護者の方が「入試問題」の傾向や、どの程度難しいか把握します。もちろん、すべての「学習のポイント」にも目を通してください

② 各分野の学習を先に行い、基礎学力を養いましょう！

③ 「力が付いてきたら」と思ったら「過去問題」にチャレンジ！

④ お子さまの得意・苦手がわかったら、その分野の学習をすすめ、全体的なレベルアップを図りましょう！

合格のための問題集

千葉大学教育学部附属小学校

お話の記憶	1話5分の読み聞かせお話集①②
推理	Jr・ウォッチャー 59「欠所補完」
数量	Jr・ウォッチャー 16「積み木」
常識	Jr・ウォッチャー 12「日常生活」
常識	Jr・ウォッチャー 27「理科」、55「理科②」

全40問

昨年度実施の
過去問題
＋
それ以前の
特徴的な問題
を収録!!

日本学習図書 ニチガク

ニチガクの
家庭学習支援
Web学習サポートサービス

こんなこと…ありませんか？

「ニチガクの問題集…買ったはいいけど、、、
この問題の教え方がわからない（汗）」

メールでお悩み解決します！

☆ ホームページ内の専用フォームで必要事項を入力！

☆ 教え方に困っているニチガクの問題を教えてください！

☆ 確認終了後、具体的な指導方法をメールでご返信！

☆ 全国どこでも！ スマホでも！ ぜひご活用ください！

<質問回答例>

 **学習のポイント**

推理分野の学習では、後の学習に活きる思考力を養うことができます。ご家庭で指導する場合にも、テクニックによらず、保護者の方が先に基本的な考え方を理解した上で、お子さまによく考えさせることを大切にして指導してください。

Q.「お子さまによく考えさせることを大切にして指導してください」と学習のポイントにありますが、考える習慣をつけさせるためには、具体的にどのようにしたらいいですか？

A. お子さまが考える時間を持てるように、質問の仕方と、タイミングに工夫をしてみてください。
たとえば、「答えはあっているけど、どうやってその答えを見つけたの」「答えは○○なんだけど、どうしてだと思う？」という感じです。はじめのうちは、「必ず30秒考えてから手を動かす」などのルールを決める方法もおすすめです。

家庭学習ガイド
千葉大学教育学部附属小学校

 ペーパー 行動観察 運動

入試情報

応募者数：非公表
出題形態：ペーパー、ノンペーパー
面　　接：なし
出題領域：ペーパーテスト（お話の記憶、常識、推理、数量）、行動観察、
　　　　　運動テスト

入試対策

以前は抽選による選抜がありましたが、ここ数年は行われておらず、面接もないので、この発育総合調査ですべてが決定します。ペーパーテストは、お話の記憶、常識、推理、数量など、例年同じような傾向なので対策は立てやすいと言えます。抽選を行わないということは、考査の結果が合否に直結するということです。そのため、各分野において確実に正解することが求められることをしっかり認識しておきましょう。発育総合調査当日は、たくさんのお子さまが集まります。少なからず緊張するでしょうから、保護者の方が、自信を持たせるような声かけを行ってあげてください。

●常識問題が例年数多く出題されています。ペーパー上で学ぶだけではなく、ふだんの生活から身に付けるべき知識、家庭環境、お子さまの積極性や好奇心が観られていると考えられます。気負うことなく、自然とお子さまと接し、生活する上で必要な知識、習慣として確実に身に付けていくことを心がけてください。

●お話の記憶も必ず出題されていますが、問題自体はさほど難しくありません。お話をよく聞いて、登場人物が何をして、出てくるものは何個あったかなどに注意すれば、正解にたどり着くはずです。また、出てくる場面を絵にしたものなど、想像力を要する問題も頻繁に出題されています。お話の読み聞かせにはしっかり取り組むようにしてください。

必要とされる力 ベスト6

チャートで早わかり！

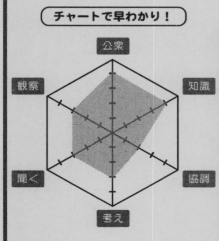

特に求められた力を集計し、左図にまとめました。
下図は各アイコンの説明です。

アイコンの説明	
集中	集 中 力…他のことに惑わされず1つのことに注意を向けて取り組む力
観察	観 察 力…2つのものの違いや詳細な部分に気付く力
聞く	聞 く 力…複雑な指示や長いお話を理解する力
考え	考える力…「〜だから〜だ」という思考ができる力
話す	話 す 力…自分の意志を伝え、人の意図を理解する力
語彙	語 彙 力…年齢相応の言葉を知っている力
創造	創 造 力…表現する力
公衆	公 衆 道 徳…公衆場面におけるマナー、生活知識
知識	知　　　識…動植物、季節、一般常識の知識
協調	協 調 性…集団行動の中で、積極的かつ他人を思いやって行動する力

※各「力」の詳しい学習方法などは、ホームページに掲載してありますのでご覧ください。http://www.nichigaku.jp

「千葉大学教育学部附属小学校」について

＜合格のためのアドバイス＞

　当校は、バランスのとれた子どもの育成を目指し、「学び合い、喜び感動のある学校を創造し、確かな学力と心豊かに生きる力を育てよう」という目標のもとで教育を行っています。確かな学力とは、後の学習につながる基礎的な知識・能力のことです。その点から言えば、当校の入試問題は、入学後の生活に必要な力の基礎を観ていると考えられます。

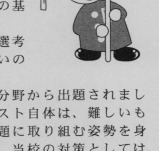

　ここ数年、ペーパーテスト、運動テスト、行動観察など、選考内容に大きな変化は見られません。面接や選考後の抽選もないので、考査自体の出来が非常に重要です。

　ペーパーテストは、お話の記憶、常識、推理、数量などの分野から出題されましたが、過去には図形がよく出題されていました。ペーパーテスト自体は、難しいものではありません。指示を最後までしっかりと聞いてから問題に取り組む姿勢を身に付けて、勘違いなどによる失敗をなくすようにしましょう。当校の対策としては、過去問題をしっかりと分析し、徹底した基礎学習を行ってください。特に常識分野では、生活常識、理科、マナーとルールからの出題が多いので、受験用の知識を身に付けるだけでなく、生活を通じて得られる、体験を通じた知識も大切にしていきましょう。

　また、当校の入学選考では、選考日当日に男女とも、同時刻にくじ引きを行い、その番号順に選考を受けます。順番によっては、かなり長い待ち時間になるので、お子さまが長時間待つことができるように、お絵描き帳や絵本、軽食などを持参することをおすすめします。

　選考が終わった後に、簡単な質問があります。この待ち時間も試験の一環の行動観察と受け止め、選考後のリラックスしがちな状況でも、きちんとした態度がとれるように、日頃からの立ち振る舞いを大切にしましょう。

＜2020 年度選考＞

- ●ペーパーテスト
  お話の記憶、常識、推理、数量
- ●運動テスト（集団）
  なわとび、体ジャンケン
- ●行動観察（集団）
  紙コップ積み、動物ものまね、赤白旗上げ、
  自由遊び

◇過去の応募状況

2020 年度	非公表
2019 年度	非公表
2018 年度	非公表

＜本書掲載分以外の過去問題＞

- ◆図形：重ねて見本の形になるものを選ぶ。［2014 年度］
- ◆常識：昔話を聞いて、正しいものを選ぶ。［2014 年度］
- ◆図形：お手本の絵を 2 回倒したときの形を選ぶ。［2013 年度］
- ◆観察：指示通りに片付けをする。［2013 年度］
- ◆図形：4 つ折りの紙を切り抜いて、開いた時の形を選ぶ。［2012 年度］
- ◆常識：時間の流れにあわせて絵を並べる。［2012 年度］

㊙ 先輩ママたちの声！

◆実際に受験をされた方からのアドバイスです。
ぜひ参考にしてください。

千葉大学教育学部附属小学校

- 説明会では、トラブル等によるクラス替え・担任替えがないこと、発達に障害があってもフォローがないこと、チャイムがないことなど、入学後に想定されることについての説明があるので、参加をおすすめします。

- 勉強も大切ですが、日々の躾も重要だと思いました。さまざまな問題を解いてみて、季節や植物、食べもの、行事のことなどを日頃の会話に取り入れると、自然に覚えられると思います。

- 公共の場所でのマナーや日常の生活常識についてはプリントでは身に付かないので、ふだんの生活の中できちんとしておかなければいけないと思いました。学力だけではないことを痛感しました。

- 予想通り待機時間が長く、その間も子ども共々観察されており、ふだんの生活が重視されている印象を持ちました。また、座る場所によっては寒かったので、膝かけやカイロなどが必要と思われます。

- 最終グループで３時間以上待ちました。本、折り紙、お絵描き帳のほか、一口サイズのおやつ（チョコレートやおにぎりなど）と飲み物を持っていきましたが、あってよかったです。

- 長時間の待機で、子どもは待ち疲れてしまい、試験が始まる前から飽きてしまっていました。周りが騒いでいても静かに待てるよう躾けておくとともに、子どもを飽きさせない、疲れさせない工夫が必要だと思います。

- 受験者が多いので、少しのミスでも大きく響くと思います。問題はそれほど難しくはないようですが、確実に点が取れるよう練習しておくとよいのではないでしょうか。

- 試験当日の子どもの服装は、運動をするので、いわゆるお受験スタイルではなく動きやすいものを着せました。私自身も紺のスーツなどではなく普通の服装でしたが、合否には関係なかったようです。

- 待機場所にストーブが３つありましたが、空気の入れ替えで窓やドアを開けるので、防寒は必須です。

千葉大学教育学部 附属小学校

過去問題集

〈はじめに〉

　　現在、少子化が叫ばれているにもかかわらず、私立・国立小学校の入学試験には一定の応募者があります。入試は、ただやみくもに学習するだけでは成果を得ることはできません。志望校の過去における出題傾向を研究・把握した上で、練習を進めていくこと、試験までに志願者の不得意分野を克服していくことが必須条件です。そこで、本問題集は小学校を受験される方々に、志望校の出題傾向をより詳しく知って頂くために、出題頻度の高い問題を集めました。最新のデータを含む過去問題集で実力をお付けください。
　　また、志望校の選択には弊社発行の「2021年度版　首都圏・東日本　国立・私立小学校　進学のてびき」「2021年度版　首都圏　国立小学校入試ハンドブック」をぜひ参考になさってください。

〈本書ご使用方法〉

◆ 出題者は出題前に一度問題を通読し、出題内容などを把握した上で、〈 準 備 〉の欄に表記してあるものを用意してから始めてください。
◆ お子さまに絵の頁を渡し、出題者が問題文を読む形式で出題してください。問題を読んだ後で、絵の頁を渡す問題もありますのでご注意ください。
◆ 「分野」は、問題の分野を表しています。弊社の問題集の分野に対応していますので、復習の際の目安にお役立てください。
◆ 問題番号右端のアイコンは、各問題に必要な力を表しています。詳しくは、アドバイス頁（ピンク色の1枚目下部）をご覧ください。
◆ 一部の描画や工作、常識等の問題については、解答が省略されているものがあります。お子さまの答えが成り立つか、出題者が各自でご判断ください。
◆ 〈 時 間 〉につきましては、目安とお考えください。
◆ 解答右端の［〇年度］は、問題の出題年度です。［2020年度］は、「2019年度の秋から冬にかけて行われた2020年度入学志望者向けの考査で出題された問題」という意味です。
◆ 学習のポイントは、指導の際にご参考にしてください。
◆ 【おすすめ問題集】は各問題の基礎力養成や実力アップにご使用ください。

〈本書ご使用にあたっての注意点〉

◆ 文中に この問題の絵は縦に使用してください。 と記載してある問題の絵は縦にしてお使いください。
◆ 〈 準 備 〉の欄で、クレヨンと表記してある場合は12色程度のものを、画用紙と表記してある場合は白い画用紙をご用意ください。
◆ 文中に この問題の絵はありません。 と記載してある問題には絵の頁がありませんので、ご注意ください。なお、問題の絵の右上にある番号が連番でなくても、中央下の頁番号が連番の場合は落丁ではありません。
下記一覧表の●が付いている問題は絵がありません。

問題1	問題2	問題3	問題4	問題5	問題6	問題7	問題8	問題9	問題10
					●	●	●		
問題11	問題12	問題13	問題14	問題15	問題16	問題17	問題18	問題19	問題20
								●	●
問題21	問題22	問題23	問題24	問題25	問題26	問題27	問題28	問題29	問題30
						●	●	●	
問題31	問題32	問題33	問題34	問題35	問題36	問題37	問題38	問題39	問題40
				●	●	●			

◎学習効果を上げるため、前掲の「家庭学習ガイド」及び「合格のためのアドバイス」を
　お読みになり、各校が実施する入試の出題傾向を、よく把握した上で問題に取り組んで
　ください。
※冒頭の「本書ご使用方法」「本書ご使用にあたっての注意点」も併せてご覧ください。

2020年度の最新問題

問題1　分野：数量（積み木）　　　　　　　　　　　　　　観察 考え

〈 準 備 〉　鉛筆

〈 問 題 〉　この問題の絵は縦に使用してください。
　　　　　　左側に書いてある積み木の数をかぞえて、右側のイチゴの部屋に積み木の数だ
　　　　　　け○を書いてください。

〈 時 間 〉　3分

〈 解 答 〉　①○：5　②○：4　③○：5　④○：8　⑤○：7

[2020年度出題]

学習のポイント

積み木の数をかぞえる問題は、思考・推理の問題です。ただかぞえるだけではなく、ある
視点からは見えない積み木の数を「推測して答える」からです。本問のような問題では、
実際に積み木を積んで考えることが理解への近道です。実際に見てかぞえ、四方からしっ
かり観察することで、ペーパーの絵を見てもイメージできるようにしておきましょう。ま
た、正面から見た時には隠れているところにも積み木が積まれていることを、別の方向か
ら見て確認しておくことも大切です。この問題で問われている積み木の数はそれほど多く
ありません。時間の制限はあっても、積み木に慣れ親しんだお子さまなら、落ち着いて解
答できるでしょう。

【おすすめ問題集】
　　Ｊｒ・ウォッチャー14「かぞえる」、16「積み木」

問題2　分野：お話の記憶　　　　　　　　　　　　　　　　　聞く 集中

〈 準 備 〉　鉛筆

〈 問 題 〉　お話をよく聞いて、後の質問に答えてください。

　　　　　　ある日のことです。自分の部屋で京子ちゃんはウサギのぬいぐるみとミニカー
　　　　　　で遊んでいました。すると、玄関のドアが開く音がします。お母さんが帰って
　　　　　　きたようです。京子ちゃんはぬいぐるみとミニカーをソファに放り出して、玄
　　　　　　関に行きました。「何を買ってきたの」と京子ちゃんはお母さんに言いながら
　　　　　　買い物袋を見ています。「あ、お菓子だ」と言いながら京子ちゃんは「お母さ
　　　　　　ん、食べてもいい」と聞きました。お母さんは「手を洗ってからにしなさい」
　　　　　　とすこし呆れながらいいました。京子ちゃんは手を洗ってから、シュークリー
　　　　　　ムやドーナツを食べ、お腹いっぱいになり、ウサギのぬいぐるみを枕にして寝
　　　　　　てしまったようです。

①京子ちゃんが食べたものはどれですか。○をつけてください。

京子ちゃんが起きると、部屋の中は少し暗くなっていました。夕方になったようです。後ろを見ると京子ちゃんと同じくらいの大きさのウサギがこちらを見ています。「京子ちゃん」とそのウサギは話しかけました。「せっかく買ってもらったんだから、私たちを放り出してはいけないよ」と言いました。どうやらウサギは京子ちゃんをしかっているようです。「あなたはぬいぐるみなの」と京子ちゃんは聞きましたが、ウサギは「いけないよ」と言いながら、どこかに消えてしまいました。すぐに「そうだ。そうだ。終わったらおもちゃ箱に片付けろ」と高い声がしました。振り向くと、京子ちゃんと同じぐらいの大きさの車がライトを点滅させながら止まっていました。車の中のラジオからその声は聞こえるようです。京子ちゃんは怖くなり、泣きながら「ごめんんなさい」と言いました。泣いていると部屋がグラグラ揺れ始め、「きょう～こ～」と何かが呼ぶ声がします。「わあ」と叫んで京子ちゃんは目を覚ましました。夢を見ていたのです。「京子、そんなところで寝ちゃだめでしょ」お母さんが目の前に立っていました。「もう晩ごはんよ。おもちゃを片付けて早くいらっしゃい」と言って、京子ちゃんの部屋から出ていきました。

②京子ちゃんはどのような順番で叱られましたか。○をつけてください。

〈 時 間 〉　各20秒

〈 解 答 〉　①左から2番目（シュークリーム）、右端（ドーナツ）　②真ん中

[2020年度 出題]

 学習のポイント

お話の記憶の問題です。特徴はお話がやや長いが、登場人物や出来事はそれほど多くないので比較的記憶しやすい。また、お話が一度途切れるので、混乱しにくいことでしょう。こうした問題ではほとんどのお子さまが間違えないので、ケアレスミスをしないように気を付けてください。①のように答えが2つある場合など、設問や指示をよく聞いていないで1つ○をつけて終わりにしてしまうといったミスです。なお、この問題に戸惑うようなら「お話を聞いてそれについての質問に答える」ための基礎ができていないのかもしれません。言い換えれば、お話の展開が把握できていないということですから、まずは短いお話や有名なお話などを読み聞かせ、読み聞かせた後に「どういうお話？」と聞いて、お子さまにあらすじを話させてみてください。そのうちに「誰が」「何を」といったお話のポイントを押さえながら聞く習慣が身に付くはずです。

【おすすめ問題集】
　1話5分の読み聞かせお話集①・②、1話7分の読み聞かせお話集　入試実践編①
　お話の記憶　初級編・中級編・上級編、Jr・ウォッチャー19「お話の記憶」

弊社の問題集は、同封の注文書の他に、
ホームページからでもお買い求めいただくことができます。
右のQRコードからご覧ください。
（千葉大学附属小学校おすすめ問題集のページです。）

〈 準 備 〉　鉛筆

〈 問 題 〉　丸い穴から、形の一部が見えています。丸い穴の先にあるのはどの形でしょうか。選んで○をつけてください。

〈 時 間 〉　各20秒

〈 解 答 〉　①左から2番目　②右から2番目　③右端　④右から2番目

［2020年度出題］

 学習のポイント

見えている一部分の形から、形全体を推理する欠所補完の問題です。穴からのぞき見るような出題形式は、ほかではあまり見ることのない特徴的なものと言えるかもしれません。欠所補完の問題というと、形の欠けている一部分を埋める形式が一般的ですが、本問は、一部分から全体を推理するというものです。考え方としては、見えている一部分の辺（周りの線）を穴の外側まで伸ばしていけば、全体の形が見えてくるようになります。とは言っても、このように考えていくのは、はじめの段階だけでしょう。学習の中で図形問題に取り組んでいれば、一部分が見えているだけで全体の形がイメージできるようになります。推理問題ではありますが、図形問題の学習をしっかりしているお子さまにとっては、直感的に正解できる問題でしょう。こうした問題が出た時、違った視点から考えてみるということは、学習の幅を広げることになります。例えば、「穴の部分が見えなくて、周りが見えていたらどうだろうか」「見えているものが図形ではなく絵だったらどうだろうか」など、さまざまな考えを巡らせることで、さまざまな問題に対応できる力がつくようになります。

【おすすめ問題集】
　　Ｊｒ・ウォッチャー59「欠所補完」

〈 準 備 〉　鉛筆

〈 問 題 〉　①タンポポの葉っぱに○をつけてください。
　　　　　　②春によく見る虫に○をつけてください。

〈 時 間 〉　30秒

〈 解 答 〉　①○：右から2番目　②○：左から2番目（チョウチョウ）

［2020年度出題］

 **学習のポイント**

近年は、季節に関係なく花や野菜・果物が店頭に並ぶことや、きれいに土を落としてあったり、あらかじめ切られている場合もあったりで、季節感や育て方を知る機会が少なくなっています。ふだんから接する花や野菜などに関心が持てるよう、買い物に行った時や郊外に出かけた時はお子さまといっしょになって観察したり、わからないものは後で図鑑やほかのメディアを使って調べたりするとよいでしょう。わからないものをそのままにせず、必ず調べる習慣を身に付けさせてください。常識問題は当校で頻出していますから、絵やほかのメディアで見たものも知識を定着させるために、実物で確認しておいた方がよいかもしれません。

【おすすめ問題集】
　　Ｊｒ・ウォッチャー34「季節」、27「理科」、55「理科②」

問題5　　分野：常識（日常生活・理科）　　　　　　　　　　　　　　　　知識

〈 準 備 〉　鉛筆

〈 問 題 〉　①虫捕りの道具はどれですか。○をつけてください。
　　　　　　②夏だけによく見る虫はどれですか。○をつけてください。

〈 時 間 〉　各20秒

〈 解 答 〉　下図参照

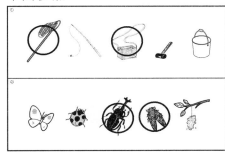

[2020年度出題]

 学習のポイント

①は「虫捕りの道具」②は「夏だけによく見る虫」という出題です。こうした小学校入試の常識分野の問題は、お子さまの知識というよりも経験のあるなしを聞いていると考えてください。つまり、道具を知っている、虫の種類を図鑑で見ているというよりは、野山で虫を取った経験を知りたいのです。では、保護者の方が機会を設けてお子さまにそういった経験をさせればよいということになりますが、環境によっては難しいケースもあるでしょう。ふだんは見かけない動植物、経験することが難しい季節の行事などは無理をすることはありません。動画や写真などで、できるだけ実物を見せてお子さまの好奇心を刺激してください。熱心に説明すればお子さまも聞いてくれるでしょう。

【おすすめ問題集】
　　Ｊｒ・ウォッチャー12「日常生活」、27「理科」、55「理科②」

問題6 分野：複合（常識・行動観察） [知識]

〈準　備〉 「おたま」「鍵穴」「計量カップ」「包丁」「スプーン」がそれぞれに描かれ
たイラスト（Ａ４サイズ）
※この問題は5人のグループで行う。

〈問　題〉 この問題の絵はありません。
5つの絵の中で、仲間はずれのものはどれですか。話し合ってください。

〈時　間〉 3分

〈解　答〉 鍵穴の絵

[2020年度出題]

 学習のポイント

前問と同じく常識問題なのですが、「話し合う」という点ももちろん評価されます。自分
の意見を言ってもよいですし、他の人の意見をよく聞いて賛成してもよいでしょう。こう
した問題の観点は「会話する能力」、つまりコミュニケーション能力で、種類分けの知識
ではありません。小学校入試ではこうした課題がよく見られるのは、入試の最大のポイン
トである「入学してから無難に学校生活が送れるか」「授業に集中できるか」といったこ
とをお子さまの話し合う様子から探ろうということです。なお、無理やり会話のイニシア
チブを握る必要はありません。特に国立小学校ではその傾向が強いのですが、こうした問
題でよい評価を得ようと「独走」すると、かえってよくない評価を受けることがあるから
です。

【おすすめ問題集】
　Ｊｒ・ウォッチャー12「日常生活」

問題7 分野：行動観察 [協調][聞く]

〈準　備〉 紙コップ、動物の絵が描かれたカード、手旗、折り紙、画用紙、クレヨン、
ＤＶＤ、紙芝居など

〈問　題〉 この問題の絵はありません。
グループ（3～4人）に分かれて行う。
①紙コップをできるだけ高く積む。
②グループごとにカードを選び、カードに描かれた動物のものまねをする。
③先生の指示にあわせて、赤白の旗上げをする（赤上げて、白下げて……）。

行動観察の待機時に自由遊び（折り紙、お絵描き、ＤＶＤ鑑賞「ひつじのショ
ーン」、紙芝居など）。

〈時　間〉 適宜

〈解　答〉 省略

[2020年度出題]

 **学習のポイント**

課題はありますが、これが観たいというような、学校の強い意図を感じるものではなく、集団行動の中での立ち振る舞いが観られているということだと思います。ですから、課題の内容にも大きな意味はなく、課題を通してお子さまの持っている個性や特性が観られていると考えてください。「うちの子はおとなしいから、行動観察が心配」という声を聞くことがありますが、リーダーシップをとることが正解なわけでもなく、おとなしいからダメなわけでもありません。集団の中で、お子さまなりにコミュニケーションをとろうという姿勢が大切なのです。試験本番では、できないことを背伸びしてまでする必要はありません。持っているものをすべて出すことが、最大のアピールにつながります。ペーパーテストでも同様ですが、できることを確実にやりきることが、行動観察でも1番大切なポイントになります。

【おすすめ問題集】
　新口頭試問・個別テスト問題集、新ノンペーパーテスト問題集
　Ｊｒ・ウォッチャー29「行動観察」

問題8　分野：運動　　　　　　　　　　　　　　　　　　　　　聞く｜集中

〈準備〉　なわとび

〈問題〉　**この問題の絵はありません。**
　　　　①先生が「やめ」と言うまで、なわとびを跳ぶ。
　　　　②先生と体ジャンケン（手足を大きく開いてパー、手を体の前で小さく腕を組んで足を前後に開いてチョキ、小さく丸まってグー）をする。

〈時間〉　適宜

〈解答〉　省略

[2020年度出題]

 学習のポイント

こうした単純な運動が出題される時に気を付けなければいけないことは、指示をしっかり聞くことです。なわとびがうまく跳べなかったことより、「やめ」の指示を聞かずに飛び続けていたことの方が、大きなマイナスです。それ以前に、なわとびがうまく跳べないからといってマイナスになることはないでしょう。運動や行動観察などでは、集中しすぎてしまって、指示が耳に入らなくなってしまうことがあります。どんな時でもしっかり指示を聞ける姿勢を養っていく必要があるでしょう。とは言っても、聞くことばかりを意識して、積極性がなくなってしまっては本末転倒なので、課題に取り組むことと指示を聞くことをしっかりと切り替えられるようにしていきましょう。

【おすすめ問題集】
　新運動テスト問題集、Ｊｒ・ウォッチャー28「運動」

問題9 分野：数量（数える、たし算）   観察 集中

〈 準 備 〉　鉛筆

〈 問 題 〉　①動物の数が２番目に多いのはどの四角でしょうか。選んで○をつけてください。
　　　　　②動物の数が３番目に多いのはどの四角でしょうか。選んで○をつけてください。
　　　　　③左の四角の中にあるリンゴを１個増やすと、右のどの四角と同じ数になるでしょうか。選んで○をつけてください。
　　　　　④左の四角の中にあるブドウを２個増やすと、右のどの四角と同じ数になるでしょうか。選んで○をつけてください。

〈 時 間 〉　各20秒

〈 解 答 〉　①左端　②右から２番目　③右から２番目　④右端

[2019年度出題]

 学習のポイント

シンプルな数量の問題です。①②に関しては、２番目、３番目に多い数を選ぶというところを聞き逃さなければ、問題なく正解できると思います。細かなことですが、①②（数える）から、③④（たし算）と分野が変わります。すべて同じ問題だろうと決めてかかってしまうと、頭を切り替えるのに時間がかかってしまうので注意しましょう。こちらも１個、２個と増やす数が変わります。問題自体は難しくないので、気を付けるのはこうした細かな部分だけと言えます。正解率が高いと考えられる問題では、ミスが大きなマイナスになりかねません。試験本番では、ケアレスミスで不正解でも、解けなくて不正解でも同じ評価です。難問を１問解くことと、ミスを１つ減らすことは同じとも言えます。極端な例えかもしれませんが、そのくらいの意識でケアレスミスに対して気を配っていきましょう。

【おすすめ問題集】
　Ｊｒ・ウォッチャー14「数える」、38「たし算・ひき算１」、
　39「たし算・ひき算２」

家庭学習のコツ① 「先輩ママのアドバイス」を読みましょう！ ────

本書冒頭の「先輩ママのアドバイス」には、実際に試験を経験された方の貴重なお話が掲載されています。対策学習への取り組み方だけでなく、試験場の雰囲気や会場での過ごし方、お子さまの健康管理、家庭学習の方法など、さまざまなことがらについてのアドバイスもあります。先輩ママの体験談、アドバイスに学び、ステップアップを図りましょう！

〈 準 備 〉　鉛筆

〈 問 題 〉　**この問題の絵は縦に使用してください。**
　　　　　　お話をよく聞いて、後の質問に答えてください。

　　　　　　たけしくんは、お母さんに頼まれて届け物をすることになりました。たくさんの木に囲まれた森の中に住んでいるおばあさんへの誕生日プレゼントです。お母さんは、「大切に持っていってね」と、紙袋をたけしくんに渡しました。

　　　　　　①おばあさんの住んでいるところはどこでしょうか。選んで〇をつけてください。

　　　　　　おばあさんの家に向かう途中には川があります。でも、橋がありません。川を渡らないとおばあさんの家には行けません。どうしようか困っていると、大きなカメさんが話しかけてきました。川を渡っておばあさんの家に行きたいと話すと、「私の背中に乗って川を渡りなさい」と、たけしくんを背中に乗せて川の向こうまで連れていってくれました。川を渡ると「ありがとう」とお礼を言ってお別れをしました。おばあさんの家は、まだ先です。今度は、大きな岩が道をふさいでいて通ることができません。また、困っていると、「ぼくがどかしてあげるよ」と言って、ゾウさんが長い鼻を使って大きな岩を動かしてくれました。「ありがとう」とお礼を言うと、「困っている時はお互い様だよ」と言って、歩いていってしまいました。おばあさんの家は、だんだん近くなっています。急に風が吹いてきました。たけしくんが大切に持っていた紙袋が、風に飛ばされて木に引っかかってしまいました。「大丈夫だった？」と、キリンさんが話しかけてきました。おばあさんのプレゼントが、飛ばされて木に引っかかってしまったと話すと、「ぼくが取ってあげるよ」と言って、長い首を伸ばして紙袋を取ってくれました。「ありがとう」とお礼を言うと、「気を付けて行くんだよ」と言ってお別れをしました。おばあさんの家は、もうすぐです。

　　　　　　②お話の内容とあっている絵はどれでしょうか。選んで〇をつけてください。

　　　　　　ようやく、おばあさんの家に着きました。たけしくんが、「お誕生日おめでとう」と言うと、おばあさんは紙袋を開け、「素敵な水玉模様のマフラーね。ありがとう。大切に使わせてもらうわね」と言ってよろこんでくれました。たけしくんがおばあさんの家から帰ると、とってもよろこんでいたことや、おばあさんの家に行く途中のさまざまな出来事をお母さんに話しました。

　　　　　　③おばあさんへの誕生日プレゼントは何だったでしょうか。選んで〇をつけてください。

〈 時 間 〉　①③各10秒　②30秒

〈 解 答 〉　①右端（森の中）
　　　　　　②上段左（川を渡る）、下段真ん中（岩を動かす）、上段右（紙袋を取る）
　　　　　　③右から２番目（水玉模様のマフラー）

[2019年度出題]

 学習のポイント

当校のお話の記憶は、場面ごとにお話を区切って出題されるという形式が特徴です。こうした形は、お話の記憶を学習するはじめの頃に取り入れることも多いですが、それがそのまま試験として使われています。なので、お話の記憶が苦手なお子さまでも取り組みやすいと言えるでしょう。逆に言えば、みんなができてしまうので正解率が高いと考えられます。ということは差がつきにくく、ミスが許されない問題ということです。他校の過去問題と比べて、当校の問題が簡単だと思った保護者の方もおられるかと思いますが、問題が解けることと合格することはイコールではありません。簡単な問題は、誰にとってもできる問題だと気を引き締め、難しい問題は誰にとっても難しい問題だとある意味開き直ることも必要です。要は、できる問題を確実に正解することが、試験においては重要になってくるということです。

【おすすめ問題集】
　１話５分の読み聞かせお話集①・②、１話７分の読み聞かせお話集　入試実践編①
　お話の記憶　初級編・中級編、Ｊｒ・ウォッチャー19「お話の記憶」

問題11　分野：常識（理科）　　　　　　　　　　　　　　　　　　　知識

〈 準 備 〉　鉛筆

〈 問 題 〉　①四角の中で１番首の長い動物はどれでしょうか。選んで〇をつけてください。
　　　　　　②四角の中から、木になるものを選んで〇をつけてください。

〈 時 間 〉　各15秒

〈 解 答 〉　下図参照

[2019年度出題]

 **学習のポイント**

例年出題されている理科常識の問題です。①では「首の長い動物」、②では「木になるもの」が問われています。①に関しては、何も言わなくても大丈夫でしょう。②は、よく出題される形式なので、しっかり学習しておきましょう。「木になるもの」以外に、「土の中で育つもの」「土の上で育つもの」などのバリエーションがあります。こうした問題が出てきたら、ほかのものも関連付けて覚えていくようにしましょう。実際に木になっているところを見せてあげることが理想の学習なのですが、なかなかそういうわけにもいかないので、インターネットや図鑑などを通して、木になっている姿を見せてあげてください。余談になりますが、本問の選択肢にあるイチゴは果物でしょうか。答えは「はい」とも「いいえ」とも言える非常に曖昧なものです。明確に定義されておらず、「果実的野菜」などとも呼ばれています。この話は結論の出ない話なので、興味のある方は、ご自身でお調べになってみてください。なので、小学校受験に関して、理科的な意味での出題（「この中で果物はどれでしょうか」など）は基本的にありません。

【おすすめ問題集】
　　Ｊｒ・ウォッチャー27「理科」、55「理科②」

問題12　分野：常識（日常生活）　　　　　　　　　　　　知識

〈準　備〉　鉛筆

〈問　題〉　①天気がよい日に公園に行く時に持っていくものはどれでしょうか。選んで○
　　　　　　をつけてください。
　　　　　②すすむくんが砂のお城を作っていたら、みのるくんが突然そのお城を壊して
　　　　　　しまいました。その時、すすむくんの表情はどう変わると思いますか。選ん
　　　　　　で○をつけてください。

〈時　間〉　各20秒

〈解　答〉　下図参照

[2019年度出題]

 **学習のポイント**

こうした常識問題では、厳密にどれが正解かということは、はっきりとは答えにくいものです。①で言えば、「雨が降るかもしれないから傘も正解ではないか」と言われれば、そうとも考えることができます。ただ、これは入学試験のための学習だということを忘れないでください。出題者の意図にそった答えが正解なのです。「天気がよい日に公園に行く」という文章から、日差しが強いから「帽子」、喉が渇くから「水筒」という、「常識的」な答えにたどり着く必要があるのです。求めているのは、あなたの常識ではなく、一般的な常識なのです。そうした、「ふつうの感覚」を持っているかどうかが観られています。ただ、「ほかの解答がないか」「違う解き方はないか」と考えることは、学習の幅を広げる意味で、非常によいことです。そうした考えを持ちつつ、出題の意図をしっかりと読み取ることが大切です。

【おすすめ問題集】
　　Ｊｒ・ウォッチャー12「日常生活」

問題13 分野：常識（マナーとルール）　　　　　　　　　　　　　公衆 知識

〈 準 備 〉　鉛筆

〈 問 題 〉　4つの絵の中で、正しく片付けができているものはどれでしょうか。①と②、それぞれ選んで○をつけてください

〈 時 間 〉　各20秒

〈 解 答 〉　①右端　②右から2番目

[2019年度出題]

 学習のポイント

本問は常識問題というよりは、躾の問題と言えるでしょう。「傘を傘立てに入れる」「靴をきれいにそろえる」という、日常生活によくあるシーンです。日頃からきちんと躾ができていれば、特別な対策をしなくても問題なく解け……、ますよね。本問のようなマナーとルールの問題は、お子さまを通して保護者が観られているのです。「なぜ傘をきちんと閉じて片付けるのか」「なぜ靴をそろえなければいけないのか」といったことを、できなかった時にきちんと説明してあげてください。この2つは、説明会や受験で学校に行った時、真っ先にチェックされる行動で、こうした出題がされるということは、「行動を観ていますよ」という学校からのメッセージでもあります。試験に出るから覚えるという知識ではなく、行動をともなった知識になるようにしていきましょう。

【おすすめ問題集】
　　Ｊｒ・ウォッチャー56「マナーとルール」

問題14 分野：図形（重ね図形）　　　　　　　　　　　　　　観察 集中

〈準 備〉　鉛筆

〈問 題〉　それぞれの段の左側の絵は、透明な紙に書かれています。この絵を、太い線の
　　　　　　ところで矢印の方向にたたんだ時、どのようになりますか。選んで〇をつけて
　　　　　　ください。

〈時 間〉　各20秒

〈解 答〉　①右端　②右から2番目　③左端　④右端

[2018年度出題]

 学習のポイント

重ね図形の問題です。絵の左右を反転させる対称図形の要素も加わった、難易度の高い問
題です。お手本の図形を反転させた時の形や、重ねた時の形をイメージする図形把握力が
求められています。本問のような問題では、向きが変わらない方の絵に、もう一方の絵を
反転させた時の形を重ね合わせたところを思い浮かべ、その形と同じものを探していくの
が、基本的な考え方です。図形をイメージする力を伸ばすためにも、慣れるまではこの方
法で練習をしてください。図形を上手にイメージできるようになってきたら、効率よく答
えを見つける方法を考えましょう。例えば、向きが変わらない方の絵の記号に注目し、そ
の部分が正しく描かれている選択肢を選びます。そしてその中から、反転させた方の絵の
部分について確認をしていきます。この方法は、③④のように3枚の絵を重ねている場合
に有効です。この際に気を付けてほしい点は、「違う絵を消す」のではなく、「正しいも
のを選んでいく」という視点ですすめることです。作業は同じでも、消去法での思考は、
学校が求めている力ではありません。後の学習にも大きく影響しますので、正解を見つけ
ることを意識して、練習を進めてください。

【おすすめ問題集】
　　Ｊｒ・ウォッチャー8「対称」、35「重ね図形」

〈準　備〉　鉛筆

〈問　題〉　今日はキツネさんの誕生日です。朝から、お部屋をきれいに掃除して、みんなが遊びに来るのを待っています。でも、まだ誰もやってきません。「誰も遊びに来てくれないな。僕の誕生日、忘れちゃったのかな」とさみしそうに言いながら、イチョウの葉っぱが落ちるのをながめていました。

①今日キツネさんは、どんな気持ちでしたか。選んで○をつけてください。

クマくんのお家に、小鳥さんがやってきました。「おはようクマくん。今日はキツネさんのお誕生日ね。お祝いは何がいいかな」「うーん。迷っちゃうね」小鳥さんとクマくんはあれこれと考え、ドングリとマツボックリを持って、キツネさんの家へ行きました。

②小鳥さんとクマくんが持って行ったものはどれですか。選んで○をつけてください。

「キツネさん、お誕生日おめでとう」と言って、小鳥さんとクマくんはプレゼントを渡しました。「わあ、ドングリとマツボックリだ。ありがとう」と、キツネさんは大よろこびです。お祝いのケーキを食べた後、キツネさんと小鳥さんとクマさんは、ドングリとマツボックリでネックレスをつくりました。

③キツネさんたちが作ったものはどれですか。選んで○をつけてください。
④このお話に出てこなかった動物を選んで○をつけてください。

〈時　間〉　各20秒

〈解　答〉　①左から２番目　②右から２番目　③右から２番目　④右端

[2018年度出題]

 学習のポイント

当校のお話の記憶の問題では、お話を場面ごとに区切り、その都度質問をしていく形式です。質問は、出来事やもの、表情など多岐にわたりますが、それぞれの場面で特徴的な部分から、主に出題されています。お話を単に覚えるのではなく、重要なポイントに着目する力が問われていると言えます。当校のお話の記憶の問題への対策は、場面ごとの情景をイメージし、細かい部分についても気を配るという基本的な覚え方をマスターした上で、「場面ごとの特徴的な部分」をとらえることです。お話を上手く理解できるようになってきたら、それぞれの場面で印象に残ったことを一言で答える練習をしてみましょう。例えば、最初の場面ならば「キツネさんは寂しそうだった」、次の場面ならば「ドングリとマツボックリを持っていった」などです。難しく考えずに、ポイントなる場面を、一言で答えられるように、読み聞かせた後の質問を工夫するとよいでしょう。

【おすすめ問題集】
　1話５分の読み聞かせお話集①・②、１話７分の読み聞かせお話集　入試実践編①
　お話の記憶　初級編・中級編・上級編、Ｊｒ・ウォッチャー19「お話の記憶」

問題16　分野：推理（系列）　　　　　　　　　　　　　　　　　　観察　集中

〈 準 備 〉　鉛筆

〈 問 題 〉　あるお約束にしたがって、記号が並べられています。「？」の部分に入る記号
　　　　　　を右の中から選んで○をつけてください。

〈 時 間 〉　各20秒

〈 解 答 〉　①上から3番目　②右下　③右上　④左下

[2018年度出題]

 学習のポイント

規則的に並んでいる記号の中から、お約束を見つける系列の問題です。本問は、お約束を
縦、横の両方から考えなければいけないため、難易度が少し高い問題です。記号の規則
性を見つけるための観察力と、応用問題に対応する思考力が観点と言えます。本問のよう
に、縦と横にお約束が並んでいる場合には、まず左上から右上へと横方向に目を配り、次
に1段下へと進みます。もし上手くお約束が見つからない場合には、縦や斜めに目を動か
すようにするとよいでしょう。お約束が見つかれば答えはすぐに出せるので、テクニック
に頼らずに、まずはお約束を見つけることを優先して進めてください。ちなみにそれぞれ
の問題のお約束は、①左から右へ○△□×、②上から下へ○△□×、③左から右へ○△□
×が、列ごとに右へ1つずつずれている、④左から右へ○△○×□と、右から○△○×□
が交互に並ぶ、となっています。

【おすすめ問題集】
　　Jr・ウォッチャー6「系列」

問題17　分野：常識（理科）　　　　　　　　　　　　　　　　　　知識　集中

〈 準 備 〉　鉛筆

〈 問 題 〉　①1番上の段を見てください。この中で、海に住んでいる生きものはどれです
　　　　　　か。選んで○をつけてください。
　　　　　　②上から2番目の段を見てください。この中で、土の下に巣を作る虫はどれで
　　　　　　すか。選んで○をつけてください。
　　　　　　③下から2番目の段を見てください。この中で、春の花はどれですか。選んで
　　　　　　○をつけてください。
　　　　　　④1番下の段を見てください。この中で、食べるところが土の中で育つものを
　　　　　　選んで○をつけてください。

〈 時 間 〉　各20秒

〈 解 答 〉　①左から2番目　②右端　③左端　④右から2番目

[2018年度出題]

 **学習のポイント**

当校では例年、理科、生活常識、マナー・ルールに関する常識問題が出題されています。難易度はそれほど高くないので、基本的な知識を日常生活のなかで身に付けられているかどうかが問われていると言えます。本問では、動物や昆虫、植物に関して、指示された特徴を持つものを見つける問題となっています。そのため、それぞれの生きものに特徴的な事柄を、名前とあわせていくつか覚えていることが望ましいです。ふだんの練習の際に、これまでに覚えてきた動物や昆虫、植物に対して、名前のほかに、どのようなことを知っているのか、一通り確認しておくとよいでしょう。生活場所や鳴き声、卵の形や生まれた時の姿、季節や色など、特徴的な事柄はさまざまです。「クワガタはどこで暮らしているの」などのように、お子さまが特徴を思い浮かべやすいような質問をする工夫をしながら、知識の確認をしていくとよいでしょう。

【おすすめ問題集】
　　Ｊｒ・ウォッチャー12「日常生活」27「理科」、55「理科②」

問題18　分野：常識（マナー）　　　　　　　　　　　　　　知識 | 聞く

〈準　備〉　鉛筆

〈問　題〉　お話をよく聞いて、後の質問に答えてください。
　　　　　　①リスさん、ウサギさん、ネズミさんは、図書室へ行くために、廊下を歩いてます。リスさんは「歩いている時も楽しい方がいいから、みんなで並んで歩こうよ」と言いました。ウサギさんは「ほかの人の迷惑にならないように、１列に並んで歩くといいと思うよ」と言いました。ネズミさんは「早くついた方がいいよ。図書室まで競争しよう」と言いました。正しいことを話している動物を選んで、○をつけてください。

　　　　　　②リスさん、ウサギさん、ネズミさんは、クマさんの家に遊びに行き、靴を脱いでいるところです。リスさんは「早く遊ぼうよ。靴はそのままでいいよね」と言いました。ウサギさんは「上がりやすいように、靴は家の中の方を向けて、整えないといけないよ」と言いました。ネズミさんは「帰る時にはきやすいように、入口の方を向けて、整えるんだよ」と言いました。正しいことを話している動物を選んで、○をつけてください。

〈時　間〉　各20秒

〈解　答〉　①ウサギ　②ネズミ

[2018年度出題]

家庭学習のコツ③　**効果的な学習方法～問題集を通読する**

過去問題集を始めるにあたり、いきなり問題に取り組んではいませんか？　それでは本書を有効活用しているとは言えません。まず、保護者の方が、すべてを一通り読み、当校の傾向、ポイント、問題のアドバイスを頭に入れてください。そうすることにより、保護者の方の指導力がアップします。また、日常生活のさまざまなことから、保護者の方自身が「作問」することができるようになっていきます。

 **学習のポイント**

当校では、公共の場での正しい振る舞いに関する質問が、例年出題されています。この問題では、ほかの人がいる場所での基本的な振る舞い方を知っているかどうかが観点となっています。深読みをすれば、マナーやルールに関して、ご家庭でどのような躾をしているのかも観ていると言えるでしょう。当校のマナー・ルールの問題は、年齢相応の常識を問うものがほとんどです。特別な練習は必要ありません。周囲への迷惑、安全な行動、お友だちとのコミュニケーションなど、小学校進学にあたり、当たり前と考えられる範囲の常識を、日常生活の中で、確実に身に付けられるようにしておいてください。

【おすすめ問題集】
　Ｊｒ・ウォッチャー12「日常生活」、56「マナーとルール」

問題19 分野：行動観察（自由遊び） 協調 | 聞く

〈 準 備 〉　折り紙、ＤＶＤ、画用紙、鉛筆、トランプ、紙芝居

〈 問 題 〉　**この問題の絵はありません。**
　　　　　（この試験は、3〜4人のグループに分かれて行います）
　　　　　①グループで相談をして、トランプで遊ぶゲームを決める。「やめ」の合図があるまで、みんなで遊ぶ。
　　　　　②ＤＶＤが流される中で、床に座って折り紙を折る。
　　　　　③机の上に画用紙と鉛筆が置いてあり、自由に絵を描いてよい。
　　　　　④先生が紙芝居を朗読するのを、黙って最後まで聞く。

〈 時 間 〉　適宜

〈 解 答 〉　省略

[2018年度出題]

 学習のポイント

数名のお友だちといっしょに、トランプで遊びます。お互いが知っている遊びを選べるか、ルールを知らないお友だちを仲間外れにしないようにすすめられるかなど、状況にあわせたコミュニケーションが求められています。その点で、リーダーシップ、協調性、周囲への気配りなど、グループの中でのお子さまの特性を伺うことができる課題と言えます。このような課題では、参加しているお子さまたち1人ひとりが、自分にできることを理解し、それを積極的に行うことが大切です。自分のお子さまの特性を知り、それを伸ばすためには、ふだんお友だちと遊んでいる時の様子をよく見ることが1番です。そこで気が付いたお子さまのよいところが活きるように、お友だちと接する際のアドバイスをしてあげるとよいでしょう。

【おすすめ問題集】
　新　口頭試問・個別テスト問題集、実践ゆびさきトレーニング①②③、
　Ｊｒ・ウォッチャー25「生活巧緻性」

〈準　備〉　なし

〈問　題〉　**この問題の絵はありません。**
　　　　　①先生がポーズをとります（両手を上にあげて、片足で立つ）。先生のまねを
　　　　　　してください。
　　　　　②自分の好きなスポーツのポーズをしてください。みんなで一斉に始めましょ
　　　　　　う。
　　　　　③先生がいろいろな顔をします（怒った顔、笑った顔、泣いた顔）。先生のま
　　　　　　ねをしてください。
　　　　　④声にあわせてケンケンパーをしてください。みんなで一斉に始めましょう。
　　　　　⑤音にあわせてスキップをしてください。みんなで一斉に始めましょう。

〈時　間〉　適宜

〈解　答〉　省略

[2018年度出題]

 学習のポイント

運動テストでは、積極的に課題に取り組むことが１番のポイントです。また、年齢相応の運動能力を指示にしたがって発揮できるかどうかも大切な観点となります。指示をよく聞いて、体を大きく動かすことを心がけながら、課題を楽しんでください。①②では、先生をまねたポーズがはっきり分かるように、１つひとつの動作を大きく、メリハリをつけるようにするとよいでしょう。③でさまざまな表情をまねする時も、同じことと考えてください。試験だから、遊びだからという区別をせずに、どんな時でも課題に対して積極的に取り組み、楽しめるようにしていくことが、１番の対策です。

【おすすめ問題集】
　　新運動テスト問題集、Ｊｒ・ウォッチャー28「運動」

家庭学習のコツ④　**効果的な学習方法〜お子さまの今の実力を知る**

１年分の問題を解き終えた後、「家庭学習ガイド」に掲載されているレーダーチャートを参考に、目標への到達度をはかってみましょう。また、あわせてお子さまの得意・不得意の見きわめも行ってください。苦手な分野の対策にあたっては、お子さまに無理をさせず、理解度に合わせて学習するとよいでしょう。

〈 準 備 〉　鉛筆

〈 問 題 〉　お話をよく聞いて、後の質問に答えてください。

　　　　　　ある日の朝、リスくんは、ネズミくんとウサギさんといっしょに、森へ木の実を取りに出かけました。「ネズミくん、ウサギさんおはよう」リスくんは元気よくあいさつしました。「おはよう、今日はおいしい木の実が取れるといいね」ネズミくんは笑顔で言いました。「私は大きい木の実を取りたいな」ウサギさんもはりきっています。森の奥には、たくさんの木の実がなっていました。リスくんは「ぼくが木に登って、木の実を落とすね。ネズミくんとウサギさんは下で拾ってよ」といって木に登り、木の実を落としていきました。次に木の実を拾って運びます。リスくんは木の実を２個、ウサギさんは３個持ちました。でも、ネズミくんが困った顔をしています。「どうしたの」リスくんがたずねると、「木の実が重くて持ち上げられないんだ」とネズミくんが言いました。「それじゃあ木の実を、転がして運ぼうよ」とウサギさんが言いました。「うんしょ、よいしょ、重たいね」そう話しながらネズミくんが木の実を転がしていると、ゾウくんがやってきました。「みんな、そんなものも持てないのかい。僕が運ぶのを見ていてよ」とゾウくんは言いながら、鼻で木の実を７個拾ってしまいました。「僕が運ぶ木の実だから、僕のものだよね」ゾウくんはそう言って、７個の木の実を持って帰ってしまいました。お腹いっぱい木の実を食べたゾウくんは、眠ってしまいました。

　　　　　　①リスくんが運んだ木の実は何個でしたか、その数だけ○に色を塗ってください。
　　　　　　②木の実が重くて持てなかった動物に、○をつけてください。

　　　　　　目を覚ますと、ゾウくんは昼間の森にいました。でも、あたりの木がいつもより高くなったようです。「なんか変だなあ、お腹もすいたなあ」そう言いながら、どんどん森の中を進んでいくと、大きな木の実が落ちていました。「ぼくの顔と同じくらいの大きさだ。そうか、僕が小さくなっちゃったのか」と言って木の実を拾おうとしましたが、重たくて持ち上げられません。ゾウくんは鼻で木の実を少しずつ押しながら、一生懸命に運びました。「ふう、重くて大変だな。ネズミくんは、きっと毎日こうやって木の実を運んでいるんだな」そう言って、ゾウくんは木の実を運びながら帰りました。

　　　　　　③目を覚ましたゾウくんはどうなっていましたか。○をつけてください。

　　　　　　次の日の朝、ゾウくんが目を覚ますと、目の前に小さな木の実がありました。「よかった。もとの大きさに戻れたんだ。昨日は大変だったなあ。みんなに意地悪をしちゃった。あやまらなきゃ」そう言って、ゾウくんはネズミくんたちのいる森へ出かけました。「ごめんなさい」ゾウくんが謝ったので、ネズミくんはゾウくんを許してあげました。そして、みんなで仲良く遊びました。

　　　　　　④絵をお話の順番に並べます。３番目の絵に○をつけてください。

〈 時 間 〉　各15秒

〈 解 答 〉　①○：２　②左から２番目（ネズミ）　③左から２番目　④右端

[2017年度出題]

 **学習のポイント**

当校のお話の記憶の問題では、少し長い文章を２、３の場面に分けて、質問をはさみなが
ら読み進めていくのが特徴です。質問は２〜４問程度で、あらすじを問うもの、細かい描
写を問うもの、常識、数量などを問うものが多く出題されています。聞き取りの途中で質
問をされるので、集中力が途切れたり、混乱してしまったりしないように、出題形式にあ
わせた読み聞かせの練習をしてください。ふだんの練習では、場面が変わったところでお
話を止めて、そこまでの話や細かい描写について聞き取りをするとよいでしょう。その練
習を通して、「聞く」「答える」という姿勢の切り替えが身に付いてきます。

【おすすめ問題集】
　　１話５分の読み聞かせお話集①・②、１話７分の読み聞かせお話集　入試実践編①
　　お話の記憶　初級編・中級編・上級編、Ｊｒ・ウォッチャー19「お話の記憶」

問題22　分野：推理（鏡図形）　　　　　　　　　　　　　　　　観察｜集中

〈準　備〉　鉛筆

〈問　題〉　**この問題の絵は縦に使用してください。**
　　　　　　上の段を見てください。模様のついたローラーを紙の上に転がすと、図のよう
　　　　　　に模様が写ります。では、下の４つのローラーを紙の上に転がすと、どのよう
　　　　　　な模様が写りますか。それぞれ選んで、○をつけてください。

〈時　間〉　各20秒

〈解　答〉　①真ん中　②真ん中　③右端　④左端

[2017年度出題]

 学習のポイント

ローラーを紙の上で転がして、そこに写った模様を考える、鏡図形の問題の一種です。お
手本をよく見て、ローラーの模様と紙に写った模様の関係を理解することが必要です。
本問の場合、上下は逆になりますが、左右は同じままであることと、同じ模様が２回繰り
返されていることに気が付けば正解できます。お約束についての説明やお手本がある場合
は、必ずよく見て理解させるようにしてください。そのために、ふだんの練習でお手本を
見た時に、どのようなお約束なのか聞いてみるとよいでしょう。お子さまがどの程度問題
を理解できているのかがわかります。上手く理解できていないようであれば、具体物を使
って実際にやってみると理解しやすくなります。本問の場合ならば、スタンプを使って理
解させる方法があります。スタンプには、押した時、紙に写った模様と印面とが「逆の
形」になるという特徴があります。この特徴を理解してから、もう１度問題に取り組むと
効果的です。

【おすすめ問題集】
　　Ｊｒ・ウォッチャー48「鏡図形」

〈準　備〉　鉛筆

〈問　題〉　お話をよく聞いて、後の質問に答えてください。

　　　　　　ちほさんと太郎くんは、海に遊びに来ました。お日様が出ていて、とってもよい天気です。ちほさんはまだ上手に泳げないので、浮き輪を持っていきました。「今日は魚を5匹釣るんだ」釣りざおを手に持って、太郎くんは言いました。砂浜には赤いカニが3匹、仲良く歩いています。海の向こうでは、イルカが2匹楽しそうにジャンプしています。今日は波も穏やかです。2人はさっそく、海に向かってかけだしていきました。

　　　　　　（問題18の絵を渡す）
　　　　　　ちほさんと太郎くんが行った海の絵はどれですか。正しいものに〇をつけてください。

〈時　間〉　15秒

〈解　答〉　右下

[2017年度出題]

 学習のポイント

お話を聞いて、正しい絵を選ぶ問題です。お話を正確に聞き取る力と、絵の違いを見分ける観察力が問われています。絵の違いとなる部分が細かい上に、絵に描かれていない部分もお話では読まれているため、判断を間違えやすい問題です。本問の判断ポイントは、「太陽」、「ちほさんの浮き輪」、「太郎くんの釣ざお」、「カニが3匹」、「イルカが2匹」の5点です。お話を読んだ後に絵が渡されることと、判断に必要のない「今日は魚を5匹釣るんだ」という太郎くんの言葉が、問題を難しくしています。難しい問題は、基本的な知識の組み合わせで作られています。お話をきっちりと聞き取ることや、絵を1つひとつていねいに確認していくことなど、基本的なことを素早く正確にできるように練習してください。

【おすすめ問題集】
　　Ｊｒ・ウォッチャー20「見る記憶・聴く記憶」

〈 準 備 〉　鉛筆

〈 問 題 〉　上の段を見てください。リンゴ１個とクリ２個は同じ重さです。ドングリ１個
　　　　　　と葉っぱ３枚は同じ重さです。クリ２個とドングリ３個は同じ重さです。この
　　　　　　お約束の時、下のシーソーはどうなるでしょう。どちらかが重くなる時は重い
　　　　　　方に〇、同じ重さでつり合う時にはシーソーの真ん中に〇を書いてください。

〈 時 間 〉　各15秒

〈 解 答 〉　下図参照

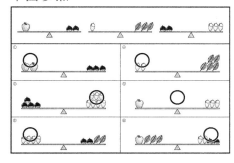

[2017年度出題]

 学習のポイント

お手本の関係を見ながら、シーソーのつり合いを考える問題です。比べやすくするために
は、基準となるものをしっかりと見つけることが大切です。④では、リンゴとドングリの
両方をクリに置き換えて考えると、どちらもクリ２個分であることがわかります。⑤の場
合はシーソーに３種類のものが載っています。お手本を見ると、クリ２個とドングリ３個
が同じ重さなので、シーソーの左側からドングリ３個を取り、右側からクリを２個取りま
す。残ったドングリ１個と葉っぱ２枚を比べると、左側が重いことがわかります。⑥は少
し複雑ですが、リンゴ１個とクリ２個がつり合っているのでそれぞれ取ると、葉っぱ３枚
とドングリ２個の比較になり、右側が重いことがわかります。重さを比べる時には、共通
するものに置き換えて比べる方法と、同じ重さの物を取り除いて考える方法があります。
どちらの方法もお手本にヒントがありますから、見逃さないようにしましょう。

【おすすめ問題集】
　　Ｊｒ・ウォッチャー15「比較」、33「シーソー」、42「一対多の対応」、
　　57「置き換え」、58「比較②」

〈 準 備 〉　鉛筆

〈 問 題 〉　雨が降った時に使うものはどれですか。絵の中から選んで、○をつけてください。

〈 時 間 〉　15秒

〈 解 答 〉　下図参照

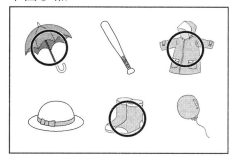

[2017年度出題]

　学習のポイント

当校の常識分野の問題では、日常生活で使う道具を問う問題がよく出題されます。大人にとっては当たり前のことすぎて、お子さまが知らないことに気が付かなかったり、一般的なデザインを知らなかったりして間違うことが多い問題です。このような道具については、ものの名称とともに、一般的な形と機能もセットで理解させてください。また、現代の家庭で見かけなくなったり、使うことが少なくなってきたものについても、知識を補っておくとよいでしょう。常識分野の基本的な対策は、「見た時に理解し、覚える」です。ふだんの生活の中で触れるさまざまなものへの目配り、気配りが知識につながります。その上で問題集に取り組み、体験で得られた知識をしっかりと定着させるとよいでしょう。日常生活と受験のための学習が両立できているかどうかも、常識分野の観点になります。バランスよく、多くのことに積極的に取り組んでください。

【おすすめ問題集】
　Ｊｒ・ウォッチャー12「日常生活」、27「理科」、34「季節」、55「理科②」

〈準　備〉　鉛筆

〈問　題〉　お話をよく聞いて、後の質問に答えてください。
　　　　　　①ネコさん、ウサギさん、キツネさんは、読み終わった本を本棚に戻そうとしています。ネコさんは「本があったところに、背表紙が見えるように戻そう」と言いました。ウサギさんは「読んだことがわかるように、逆さまにして戻そう」と言いました。キツネさんは「机の上に置いておくと、誰かが片付けてくれるよ」と言いました。正しいことを話している動物を選んで、○をつけてください。

　　　　　　②ネコさん、ウサギさん、キツネさんは公園で遊ぼうとしていますが、ボールが1つしかありません。ネコさんは「私はボールで遊びたいの。あなたたちに貸さないよ」と言いました。ウサギさんは「みんなでいっしょにボール遊びをしようよ」と言いました。キツネさんは「1つしかないなら、ボールはいらないよ。捨てちゃおう」と言いました。正しいことを話している動物を選んで、○をつけてください。

〈時　間〉　各15秒

〈解　答〉　①ネコ　②ウサギ

[2017年度出題]

 学習のポイント

当校の常識分野の問題では、前問のような日常生活についての問題と、本問のようなルールやマナーについての問題が多く扱われています。①の図書館の場面では、みんなが利用する本の戻し方が聞かれています。大勢の人が利用する場所でのマナーが問われているだけでなく、自分でできることは自分でしているかも観られています。②では、自分勝手なことをせず、みんなと仲良くできるかどうかが観られています。どちらの問題も、ほかの人がいる場面での自分の振る舞い方が観点となっています。このように常識分野の問題では、一見簡単そうな質問から、ご家庭での学び方や他人との関わり方など、小学校入学後に必要なことの一部をうかがうことができます。深読みをする必要はありませんが、出題の意図を少し意識してみることもおすすめです。

【おすすめ問題集】
　Ｊｒ・ウォッチャー12「日常生活」、56「マナーとルール」

〈準　備〉　折り紙、ＤＶＤ（テストでは「ひつじのショーン」というアニメ作品が使われ
　　　　　　ました）、画用紙、鉛筆、紙芝居

〈問　題〉　**この問題の絵はありません。**
　　　　　　①ＤＶＤが流される中で、床に座って折り紙を折る。「やめ」の合図があるま
　　　　　　　で続ける。（終了後、何を折ったかを質問される）
　　　　　　②机の上に画用紙と鉛筆が置いてあり、自由に絵を描いてよい。
　　　　　　③先生が紙芝居を朗読するのを、黙って最後まで聞く。

〈時　間〉　適宜

〈解　答〉　省略

[2017年度出題]

 学習のポイント

指示にしたがって折り紙をします。課題そのものは難しくありませんが、ＤＶＤのアニメ
が流れているために気が散ってしまい、折り紙が雑になったり、途中でほかのことを始め
てしまったりするかもしれません。１つの課題を最後まで取り組めるように、ふだんから
集中して取り組む練習をしておくとよいでしょう。実際の試験では、折り紙が人数に対し
てやや少なめに用意されており、みんなで折り紙を譲り合えるかどうかも観られていまし
た。工作や巧緻性の課題では、はじめて会うお友だちとの協調性も観られていることを忘
れないでください。

【おすすめ問題集】
　新　口頭試問・個別テスト問題集、実践ゆびさきトレーニング①②③、
　Ｊｒ・ウォッチャー25「生活巧緻性」

〈準　備〉　段ボールの箱（小さめのものを５種類程度）、タオル、巾着袋

〈問　題〉　**この問題の絵はありません。**
　　　　　　12人を赤、青、黄の３チームに分け（各チーム４名）、それぞれがチームの色
　　　　　　の帽子をかぶって行う。
　　　　　　①段ボールタワー
　　　　　　　ここに段ボールの箱がいくつかあります。みんなで協力してタワーを作っ
　　　　　　　てください。タワーを作り終わったら、みんな立ち上がって静止してくださ
　　　　　　　い。１番高いタワーを作ったチームの勝ちです。
　　　　　　②お片付け
　　　　　　　それでは、今使った段ボールを片付けます。「片付けはじめ」の合図で、段
　　　　　　　ボールをはじめにあったところに片付けてください。それでは「片付けはじ
　　　　　　　め」

〈時　間〉　適宜

〈解　答〉　省略

[2017年度出題]

 **学習のポイント**

お友だちと協力して段ボール積みを行ないます。簡単なゲームを通して、小学校入学後に必要な協調性が観られている課題です。協調の仕方にはさまざまな形があり、多くのお友だちと積極的に関わっていくことも、みんなが楽しく活動できるように自分の意見を言うことを我慢することも大切です。お友だちと一緒に遊ぶ時に、お子さまがどのような行動をするのかを観察してみてください。お子さまなりの協調の仕方が見えてきます。一方、周りに迷惑をかけているようならば、その行為の指摘だけで終わらせず、次はどうしたらいいのか話し合ってみるとよいでしょう。

【おすすめ問題集】
　　新　口頭試問・個別テスト問題集、Ｊｒ・ウォッチャー29「行動観察」

問題29　分野：運動　　　　　　　　　　　　　　　　　　　　　聞く｜協調

〈 準 備 〉　なわとび、タオル、巾着袋

〈 問 題 〉　**この問題の絵はありません。**
　　　　　　①体ジャンケンをします。グーは体を小さく丸めます。チョキは手足を前後に広げます。パーは手足を横に広げます。それでは始めましょう。
　　　　　　②今から先生がポーズをとります（両手を上にあげて、片足で立つ）。先生のまねをしてください。
　　　　　　③自分の好きな動物のまねをしてください。みんなで一斉に始めましょう。
　　　　　　④床になわとびが置いてあります。先生の合図にしたがって、飛び越えてください（３〜５回程度）。
　　　　　　⑤机の上に置いてあるタオルをたたんでください。たたんだら、隣に置いてある袋に入れてください。

〈 時 間 〉　適宜

〈 解 答 〉　省略

[2017年度出題]

 学習のポイント

運動テストでは、年齢相応の運動課題を指示にしたがってできるかどうかが観られています。指示を聞き間違えたり、先走った行動をしたりしないこと、指先までしっかり伸ばして体を大きく動かすことなどがポイントです。特に①②では、ジャンケンのポーズや先生をまねたポーズがはっきりわかるようにするとよいでしょう。③では、自分の好きな動物のまねをします。好きな動物が決められずに困ってしまうことのないように、わかりやすい動物のまねをいくつか練習しておいてください。課題が多く、ほかの子の動きも気になると思いますが、ふだんから楽しく運動やリズム体操を行なっていれば、試験の時にも平常心で取り組めます。一方で、順番を待っている時の姿勢も大切です。周りの子に迷惑をかけないようにすることも、あわせて指導してください。

【おすすめ問題集】
　　新運動テスト問題集、Ｊｒ・ウォッチャー28「運動」

〈 準 備 〉　鉛筆

〈 問 題 〉　お話をよく聞いて、後の質問に答えてください。

　　　　　　ある日の夕方、ウサギさんがお家にいると、お母さんが話しかけてきました。ウサギさんにお手伝いをしてほしいそうです。お母さんは、「この前おじいちゃんから、ミカンとかトマトとか、いろいろもらったこと覚えてる？　そのお返しをしたいからおじいちゃんのお家に、このビニール袋とカゴを届けてほしいの」と言いました。ウサギさんが、「わかった、行ってくるよ」と言うと、お母さんは「ありがとう。ビニール袋にはイチゴが5個入っていて、カゴにはクリが8個とリンゴが4個入っているからね」と言いました。ウサギさんがおうちを出て歩いていると、カラスが近くに飛んできました。それに周りにはキツネやタヌキもいました。みんな、ウサギさんが持っている食べものをどうにかして手に入れられないか、考えていました。すると、カラスがウサギさんの右の手をくちばしでつついてきたのです。ウサギさんはびっくりして、思わず右手に持っていたカゴを放してしまいました。カラスはすぐにクリを3個くわえると、空に飛び立ってしまいました。
　　　　　　その後、何とか立ち上がったウサギさんは、再び歩き出したところで泣いているクマくんを見つけました。近づいて話を聞くと、動けないくらいお腹が減ってしまったために泣いていたそうです。かわいそうに思ったウサギさんは、ビニール袋に入っていたイチゴを全部取り出してクマくんにあげることにしました。おじいさんのおうちに行く途中でお母さんから渡されたものが少なくなってしまい、「どうしよう」と思いながら歩いていると、おじいさんの家の前に着いてしまいました。

　　　　　　①上の段を見てください。おじいさんのお家に行くとき、ウサギさんは何を持っていたでしょう。正しいものに〇をつけてください。
　　　　　　②真ん中の段を見てください。おじいさんに渡すはずのものはそれぞれいくつずつ残っていたでしょうか。その数だけ、〇をつけてください。

　　　　　　おじいさんと会ったウサギさんは、到着するまでのことをすべて話しました。おじいさんが「いろいろ大変だったね。持ってきてくれてありがとう」と言ってくれたので、しっかりお話してよかったと思いました。そんなとき、玄関のドアをたたく大きな音が聞こえてきました。ドアを開けてみると、カラスとクマくんがいたのです。カラスは「大切なクリを持っていってごめんね」と謝りに来たのでした。また、持ち去ってしまったクリのうち、まだ食べていなかった1個を返してくれました。クマくんは、イチゴを3個食べたところでお腹もいっぱいになったそうで、ウサギさんにお礼と残っているイチゴを渡しにきたのでした。それを見ていたおじいさんは「よかったね」と言ってくれました。

　　　　　　③下の段を見てください。このお話を絵にしたとき、最後の場面の絵に〇をつけてください。

〈 時 間 〉　各20秒

〈 解 答 〉　①左から2番目（ビニール袋）、右端（カゴ）
　　　　　　②イチゴ／〇：0、クリ／〇：5、リンゴ／〇：4　　③右端

[2016年度出題]

 **学習のポイント**

お話の記憶の問題ですが、登場するキャラクターや持ちものはそれほど複雑ではなく、比較的対応しやすいものと言えるでしょう。ここ数年の傾向として、問題文の読み上げ途中にいったん質問が入ることがあげられます。質問自体はそれほど難しいわけではありませんが、このような出題形式に慣れていないお子さまは戸惑うかもしれません。最初の質問でうまく対応できず、再び問題読み上げとなった際に集中力が切れてしまうお子さまも見受けられます。練習の時から、読み上げ→質問→再び読み上げ→質問という流れを意識しましょう。なお、①の解答は「ビニール袋とカゴ」でしたが、正解以外のイラストに何が描かれているかを確認したでしょうか。解答以外の選択肢を確認することも復習になります。②では簡単な数量の質問がされています。ストーリーを集中して聞きながら、数量の変化を追っていくのは難しいでしょう。頭の中で個数の増減をイメージしながら、お話を聞くようにしてください。

【おすすめ問題集】
　　１話５分の読み聞かせお話集①・②、１話７分の読み聞かせお話集　入試実践編①
　　お話の記憶　初級編・中級編・上級編、Ｊｒ・ウォッチャー19「お話の記憶」

問題31　分野：常識（日常生活）　　　　　　　　　　　　　　　　　　知識

〈 準 備 〉　鉛筆

〈 問 題 〉　絵の中から、料理をする時に使うものを探して、○をつけてください。

〈 時 間 〉　20秒

〈 解 答 〉　下段左（泡立て器）

[2016年度出題]

 学習のポイント

「常識」を問う問題のうち、本問のような日常生活で使用する用具・道具に関する質問は、当校では頻出です。机上の学習だけでなく、料理や掃除など日常生活のさまざまなことが教材となります。保護者の方から積極的に「いま何をしていて、こんな道具を使っている」などと話してあげれば、お子さまの理解や興味・関心も高まっていくことでしょう。受験を通じて問われることになる、日常での親子間コミュニケーションも細やかなものになります。注意したいところでは、家庭にある道具の形状・外見と、問題として提示されるものが相違する可能性があることです。素材の進化やデザイン性の高い商品の増加を受け、知識があっても問題にあるイラストが何を示しているかわからない、という場合もあります。ご家庭にあるものと形の異なるものがイラストに描かれていた時は、一般的な形として認識できるように、両方を見比べて覚えるようにしてください。

【おすすめ問題集】
　　Ｊｒ・ウォッチャー12「日常生活」

〈 準 備 〉 鉛筆

〈 問 題 〉 **この問題の絵は縦に使用してください。**
①上の段を見てください。学校のお部屋にいて地震が起きた時、どうするのが
よいでしょうか。正しいものに〇をつけてください。
②上から２段目を見てください。横断歩道を渡る時、どの渡り方が正しいです
か。〇をつけてください。
③下の段を見てください。１人でしてもよいものに、〇をつけてください。

〈 時 間 〉 各20秒

〈 解 答 〉 ①真ん中　②右端　③右端

[2016年度出題]

 学習のポイント

常識分野のうち、マナーやルールに関する内容の問題です。本問では、基本的な知識に加
えて、「自分の身を守ること」「周りの人に危害を与えないこと」など、安全・迷惑につ
いての意識を、お子さまが持っているかどうかが観られています。小学校進学後には、通
学時の電車など、公共の場を利用することも多くなります。また、保護者の方がいないと
ころで、１人で行動する機会があるかもしれません。安全な行動や迷惑がかからない行動
などが身に付くように、ご家庭で学べる機会を大切にしてください。

【おすすめ問題集】
　Ｊｒ・ウォッチャー12「日常生活」、30「生活習慣」、56「マナーとルール」

問題33 分野：推理（シーソー）

考え 観察

〈準 備〉 鉛筆

〈問 題〉 この問題の絵は縦に使用してください。
それぞれの段にある点線の上にあるシーソーはつり合っています。点線の下にあるシーソーがつり合うようにするには、右側にいくつ載せればよいでしょうか。太い線の右側にある４つの中から選んで、○をつけてください。

〈時 間〉 １分30秒

〈解 答〉 下図参照

[2016年度出題]

✎ **学習のポイント**

シーソーを使って等しい重さを見つける問題です。一対多の対応と数量の知識が複合して問われている、少し難しい問題です。このような問題では、同じ重さを表すもののうち、数が多い方に置き換えて考えます。例えば②では、数の多いイチゴに置き換えて、「バナナ２本はイチゴ３個だ」と言い換えます。すると、「バナナ４本は、バナナ２本が２組あるから、イチゴ３個が２組あることになり、イチゴ６個だ」とわかります。図のシーソーには３個のイチゴがあるので、あと３個のイチゴを選べばつり合います。ご家庭で指導する場合のポイントは、掛け算で考えずにたし算で説明することです。バナナが２本から４本に増えた時、バナナは２倍になったのではなく２本増えたと考えると、お子さまも理解しやすくなります。数量分野では、たし算・ひき算の考え方をうまく使って、お子さまの理解度を伸ばしてください。

【おすすめ問題集】
Ｊｒ・ウォッチャー15「比較」、33「シーソー」、42「一対多の対応」
57「置き換え」、58「比較②」

問題34 分野：図形（合成） 観察 考え

〈 準 備 〉　鉛筆

〈 問 題 〉　それぞれの段の左側の絵にある三角形や四角形をつなげると、どのような形に
　　　　　　なるでしょうか。右から選んで〇をつけてください。

〈 時 間 〉　各30秒

〈 解 答 〉　①右端　②真ん中　③真ん中　④左端

[2016年度出題]

 学習のポイント

複数の図形を合成させた時に、どのような形になるかを問う問題です。このような問題が
苦手なお子さまに対しては、紙を切り抜いて作った図形や、積み木などの具体物を使用
して、実際に手を動かしてどのような形になるかを経験させてみることが習得につながり
ます。本問では、直角二等辺三角形を2つ組み合わせた時の形を想像できるかどうかがポ
イントになります。組み合わせた形のパターンをいくつか知っていると、「小さい三角形
（直角二等辺三角形）〇個分」という数え方ができるようになります。パズルや、切り抜
いた紙を使って、三角形を組み合わせた形が理解できるように練習を繰り返してくださ
い。

【おすすめ問題集】
　　Jr・ウォッチャー9「合成」、31「推理思考」

問題35 分野：巧緻性 聞く 集中

〈 準 備 〉　形やサイズの異なるビーズ10〜20個、ビーズ通し用のひも、小箱（ビーズを入
　　　　　　れるもの）

〈 問 題 〉　この問題の絵はありません。
　　　　　　箱の中に入っているビーズを、通せるだけひもに通してください。「やめ」と
　　　　　　言われたら、ひもに通したビーズを箱の中に戻して、ひもを箱の外に置いて、
　　　　　　静かに待っていてください。

〈 時 間 〉　適宜

〈 解 答 〉　省略

[2016年度出題]

30　　　　　　　　2021年度　千葉大学附属小　過去

 学習のポイント

巧緻性の問題です。ペンやハサミ、お箸などを使えるような手先の器用さを確認するとともに、細かい作業を嫌がらずに集中して取り組めるかどうかを観る問題です。ふだんから少しずつ、手先を使う細かい作業の練習を進めてください。また、指示をしっかり聞いて対応できているかも観られています。ビーズにひもを通すなどの指示は比較的覚えやすいのですが、終わった後の行動についての指示は忘れやすいものです。問題練習をする際には、すべきこと、注意すること、終わったらどうするかのように、段階ごとの指示を具体的に与えていくことをおすすめします。日常のお手伝いの時間を利用して、指示通りに行動する練習を飽きずに続けられるように工夫してみてください。

【おすすめ問題集】
　　Ｊｒ・ウォッチャー25「生活巧緻性」

問題36 分野：行動観察　　　　　　　　　　　　　　　　　聞く｜協調

〈準備〉　積み木、見本の写真（事前に積み木を組んでお城のような形を作り撮影しておく。試験本番ではプリントしたものが用意されたが、スマートフォンやタブレット端末で提示しても可）

〈問題〉　この問題の絵はありません。
　　　　　お友だちといっしょに、お手本の写真を見ながら、積み木を使ってお城を作りましょう。

〈時間〉　適宜

〈解答〉　省略

[2016年度出題]

 学習のポイント

当校の場合、行動観察は３～４人のグループに分かれて行われます。そのため、本問ではグループの中での協調やマナーなど、ほかのお子さまとどう接するかが観られると考えられます。もちろん自宅で積み木の練習をさせてもよいでしょうが、それ以上に、お友だちの家や児童館のようなところで、ほかのお子さまと接しながら学ばせていくことが、訓練になるでしょう。積み木を独り占めするような子、自分の意見を無理やり通そうとするような子は、当然マイナス評価の対象となりますので、日頃から保護者として協調性を持たせることを意識してください。

【おすすめ問題集】
　　Ｊｒ・ウォッチャー29「行動観察」

〈準　備〉　太鼓

〈問　題〉　**この問題の絵はありません。**
　　　　　①腕だけを使って、その場で泳ぐまねをしてください。
　　　　　②手拍子のリズムにあわせて、足でグー→チョキ→パーと変えていってください。
　　　　　③太鼓のリズムにあわせて、自由に踊ってみてください。

〈時　間〉　適宜

〈解　答〉　省略

[2016年度出題]

 学習のポイント

当校の運動テストは、行動観察と同じく3〜4名ごとのグループに分かれて行われます。本問の場合、直接、ほかのお子さまと協調して運動をするようなことはありませんが、1人だけリズムが違っていたり、ほかのお子さまの気を散らすような行動をすることは避けたいものです。ふだんから「みんなで同じ運動をする」という環境を作り、いっしょに体を動かす楽しさを教えながら、協調性やマナーを身に付けるとよいでしょう。本問は3つの課題からなっていますが、難易度はそれほど高くありません。クロールや平泳ぎの泳ぎ方、あるいは足ジャンケンを知っていれば、簡単にこなせる課題です。また、リズムにあわせて踊ることを日頃から練習しておけば、試験本番でも容易にできるでしょう。

【おすすめ問題集】
　新運動テスト問題集、Ｊｒ・ウォッチャー28「運動」

〈 準 備 〉　鉛筆

〈 問 題 〉　お話をよく聞いて、後の質問に答えてください。

ある日のことです。太郎くんは、公園へ遊びに行くことにしました。お隣の花子さんのお家の前を通りかかると、花子さんがお庭でヒマワリの花に水をやっているのが見えたので、太郎くんは声をかけてみました。「いっしょに公園へ行って遊ぼうよ」「いいよ。どの公園に行きましょうか」と花子さんに聞かれて、太郎くんは「噴水の公園だよ」と答えました。花子さんは、「あら、涼しそう。お母さんに言ってくるから、ちょっと待ってて」と言うと、いったんお家の中へ入り、すぐに帽子をかぶって出てきました。「さあ、行きましょう」公園へ着くと、2人はまずシーソーで遊びました。ギッコン、バッタン、ギッコン、バッタン。しばらく遊んでいると、太郎くんはほかのもので遊びたくなりました。太郎くんがそう言うと、花子さんは「ブランコが空いてるから、ブランコで遊びましょうか」と言いました。行ってみると1台は壊れていて、1人しか遊べませんでした。花子さんは、「あらら、残念。太郎くん、遊んでいいよ。わたしはすべり台で遊ぶから」と言って、すべり台のところへ行きました。太郎くんは、しばらくブランコをこいでいましたが、思ったより楽しくなかったので、「やっぱり2人で遊ぼうよ〜」と言って、花子さんのいるすべり台のところへ行きました。あんまりすべっておしりが痛くなったので、太郎くんと花子さんは、ベンチに座ってしばらく休むことにしました。その時、カラスが2羽、飛んで来て、公園の木の枝にとまりました。太郎くんと花子さんがカラスを見ていると、大きい方は5回、小さい方は8回、鳴きました。

①太郎くんと花子さんが遊んだ公園はどの公園ですか。○をつけてください。
②2羽のカラスはそれぞれ何回鳴きましたか。その数だけ○を書いてください。

そろそろ日が暮れる頃です。カラスが「カァ〜」と鳴きました。太郎くんと花子さんは、お腹も空いてきたので、お家へ帰ることにしました。公園を出ると、ちょうど花子さんのお兄さんが、スイカを持って歩いているところでした。「わぁ〜、大きなスイカ！お兄ちゃん、買ってきたの？」と花子さんが言うと、お兄さんはびっくりしたような顔をして、「おじさんにもらったんだよ。あ〜あ、1人で食べようと思ってたのに、見つかっちゃった！」と言いました。太郎くんと花子さんが笑うと、お兄さんも笑って、「早く帰って冷やそう。太郎くんも食べるかい。ごはんを食べ終わったら家へおいで」と言いました。太郎くんは大よろこびで、「お母さんがいいって言ったら行くよ」と答えました。

③このお話の季節と同じ季節のものを選んで、○をつけてください。

〈 時 間 〉　各20秒

〈 解 答 〉　①真ん中　②左／○：5、右／○：8　③右から2番目（風鈴）

[2015年度出題]

 **学習のポイント**

お話の記憶の問題です。当校の特徴としては、お話がやや長いこと、登場人物や出来事は
それほど多くなく、内容をつかみやすいことがあげられます。ただし、お話の途中で何回
か質問をされるため、お話が１度途切れる場面があります。このような形式の場合、お話
を覚えることと、質問に答えることの切り替えが必要です。ふだんの練習でも、お話を途
中まで読んだところで質問をするようにするとよいでしょう。はじめは３行程度に細かく
区切り、慣れてきたら区切る回数を減らしていきます。最終的にはお話を３つに分ける程
度を目標としてください。質問の種類は、あらすじに関するもの、細かい描写を問うも
の、常識、数量などをバランスよく聞き取るとよいでしょう。区切り方と質問をしっかり
と決めておくことが、読み聞かせの準備のポイントです。

【おすすめ問題集】
　　１話５分の読み聞かせお話集①・②、１話７分の読み聞かせお話集　入試実践編①
　　お話の記憶　初級編・中級編・上級編、Ｊｒ・ウォッチャー19「お話の記憶」

問題39 分野：常識（時間の流れ）　　　　　　　　　　　　　　観察 考え

〈 準 備 〉　鉛筆

〈 問 題 〉　上の絵は、よい子の太郎くんがお風呂に入ってから寝るまでにすることを順番
　　　　　　に並べたものです。空いているところにはどの絵が入ると思いますか。下から
　　　　　　選んで○をつけてください。

〈 時 間 〉　15秒

〈 解 答 〉　左から２番目（歯磨き）

[2015年度出題]

 学習のポイント

時間の流れを考える問題ですが、ふだんから規則正しい生活をしているお子さまであれ
ば、難なく答えることができるでしょう。小学校の入試問題における頻出分野の１つに、
「常識」の問題があります。お子さまの答えに、ご家庭での躾や保護者の方の価値観、お
子さまのふだんの様子などがあらわれますので、小学校受験を考えるのであれば、ふだん
からきちんとした生活を送るよう心がけたいところです。なお、「時間の流れ」の問題と
して、昔話や童話の場面の絵をお話の順番に並べる問題、生きものの様態（卵、幼虫、さ
なぎ、成虫等）を成長の順に並べる問題などもよく見られます。絵本の読み聞かせや図鑑
などによる学習も行い、幅広い知識を身に付けさせるようにしてください。

【おすすめ問題集】
　　Ｊｒ・ウォッチャー12「日常生活」、13「時間の流れ」、30「生活習慣」

問題40　分野：常識（日常生活）　　　　　　　　　　　　　　　　　　　知識

〈準　備〉　鉛筆

〈問　題〉　絵の中から、紙を切るのに使うものを探して、○をつけてください。

〈時　間〉　15秒

〈解　答〉　下段左（ハサミ）

[2015年度出題]

 学習のポイント

日常生活でよく目にするもの、耳にすることを題材とした常識の問題です。この問題を通して、お子さまに年齢相応の常識が備わっているか、身の周りのことを自分でしているかといったことが観られます。ふだんから、お子さまの身の周りのことはできるだけ自分でさせるようにして、生活上の知識や知恵を身に付けていけるようにしましょう。なお、本問の答えとして「定規」をあげるお子さまもいるかもしれません。この答えは、おそらく実際の試験では不正解とされたでしょう。なぜなら、本来の用途ではないからです。道具や言葉など、使い方はさまざまあると思いますが、本来の用途や正しい使い方を知っておく必要があります。

【おすすめ問題集】
　　Ｊｒ・ウォッチャー12「日常生活」

千葉大学教育学部附属小学校　専用注文書

年　　月　　日

合格のための問題集ベスト・セレクション

＊入試頻出分野ベスト3

1st	常　識	2nd	お話の記憶	3rd	推　理
知　識　公　衆		聞く力　集中力		考える力　観察力	

理科、生活、マナーなどの常識問題が例年出題されているので、生活の中での知識を身に付けるようにしましょう。比較的やさしい問題が多いので、ミスが大きなダメージになってしまいます。基礎を徹底し、安定した力を発揮できるようにしておきましょう。

分野	書　名	価格(税抜)	注文	分野	書　名	価格(税抜)	注文
推理	Jr・ウォッチャー6「系列」	1,500 円	冊	図形	Jr・ウォッチャー35「重ね図形」	1,500 円	冊
図形	Jr・ウォッチャー8「対称」	1,500 円	冊	数量	Jr・ウォッチャー38「たし算・ひき算1」	1,500 円	冊
図形	Jr・ウォッチャー9「合成」	1,500 円	冊	数量	Jr・ウォッチャー39「たし算・ひき算2」	1,500 円	冊
推理	Jr・ウォッチャー10「四方からの観察」	1,500 円	冊	数量	Jr・ウォッチャー42「一対多の対応」	1,500 円	冊
常識	Jr・ウォッチャー12「日常生活」	1,500 円	冊	図形	Jr・ウォッチャー47「座標の移動」	1,500 円	冊
常識	Jr・ウォッチャー13「時間の流れ」	1,500 円	冊	図形	Jr・ウォッチャー48「鏡図形」	1,500 円	冊
数量	Jr・ウォッチャー14「数える」	1,500 円	冊	常識	Jr・ウォッチャー55「理科②」	1,500 円	冊
数量	Jr・ウォッチャー15「比較」	1,500 円	冊	常識	Jr・ウォッチャー56「マナーとルール」	1,500 円	冊
数量	Jr・ウォッチャー16「積み木」	1,500 円	冊	推理	Jr・ウォッチャー57「置き換え」	1,500 円	冊
記憶	Jr・ウォッチャー20「見る記憶・聴く記憶」	1,500 円	冊	推理	Jr・ウォッチャー58「比較②」	1,500 円	冊
巧緻性	Jr・ウォッチャー25「生活巧緻性」	1,500 円	冊	推理	Jr・ウォッチャー59「欠所補完」	1,500 円	冊
常識	Jr・ウォッチャー27「理科」	1,500 円	冊		新口頭試問・個別テスト問題集	2,500 円	冊
推理	Jr・ウォッチャー33「シーソー」	1,500 円	冊		新ノンペーパーテスト問題集	2,600 円	冊
常識	Jr・ウォッチャー34「季節」	1,500 円	冊		1話5分の読み聞かせお話集①・②	1,800 円	各　冊

合計		冊	円

(フリガナ)	電　話	
氏　名	FAX	
	E-mail	
住　所　〒　　　－	以前にご注文されたことはございますか。	
	有　・　無	

★お近くの書店、または記載の電話・FAX・ホームページにてご注文をお受けしております。
　電話：03-5261-8951　FAX：03-5261-8953　代金は書籍合計金額＋送料がかかります。
　※なお、落丁・乱丁以外の理由による商品の返品・交換には応じかねます。
★ご記入頂いた個人に関する情報は、当社にて厳重に管理致します。なお、ご購入の商品発送の他に、当社発行の書籍案内、書籍に関する調査に使用させて頂く場合がございますので、予めご了承ください。

日本学習図書株式会社
http://www.nichigaku.jp

日本学習図書株式会社

①

②

③

④

⑤

2021 年度　千葉大学附属小　過去　無断複製／転載を禁ずる

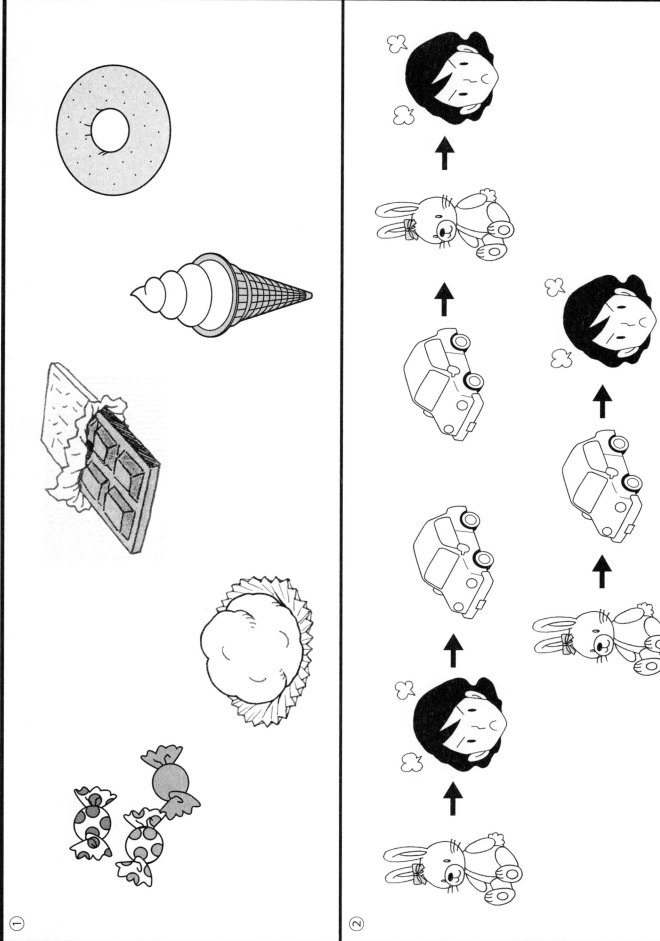

2021 年度　千葉大学附属小　過去　無断複製／転載を禁ずる　日本学習図書株式会社

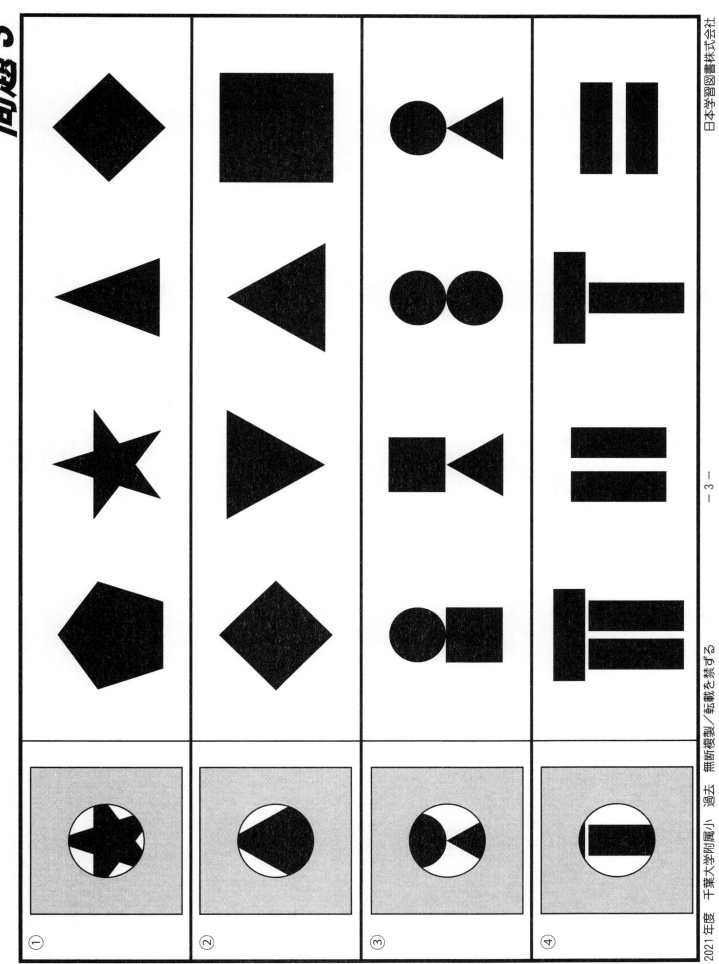

問題 4

①

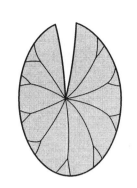

②

日本学習図書株式会社

日本学習図書株式会社

①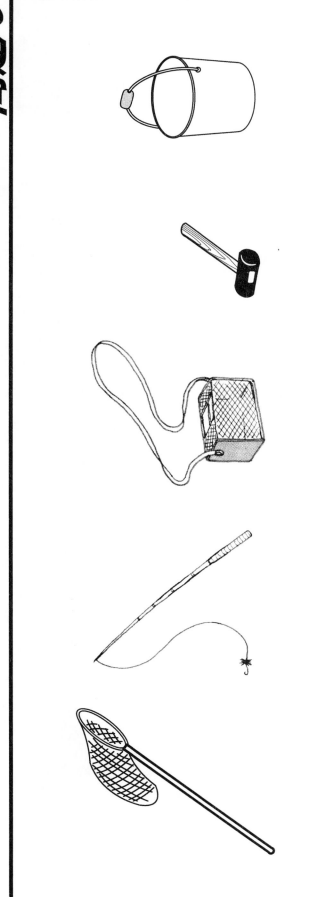

②

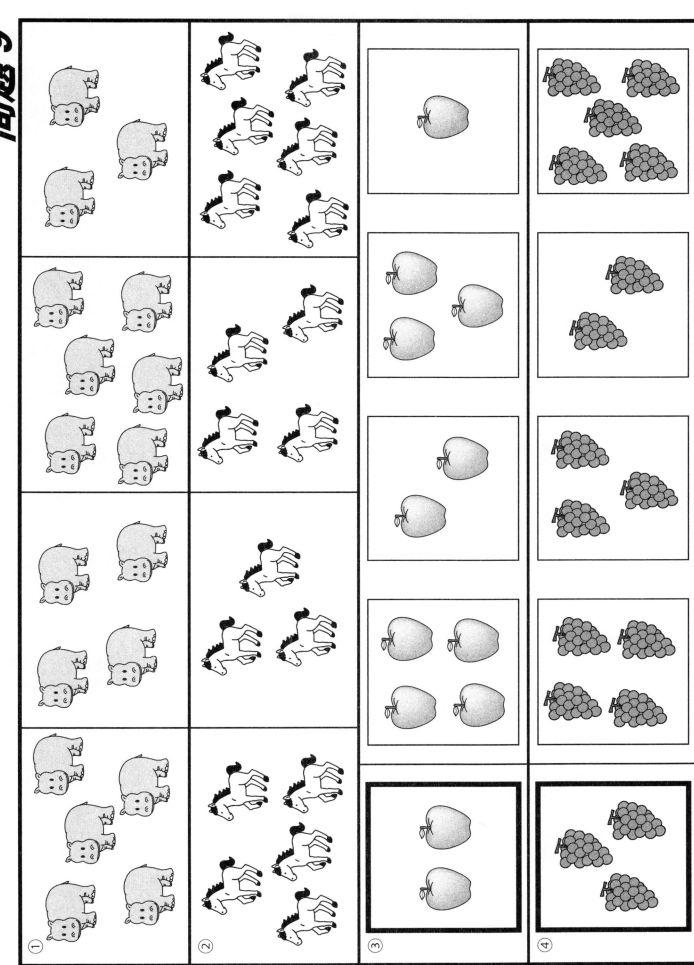

2021 年度 千葉大学附属小 過去 無断複製／転載を禁ずる 日本学習図書株式会社

①
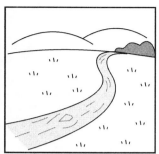 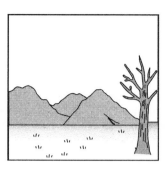  

②

③
 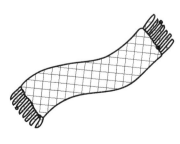  

日本学習図書株式会社

①

②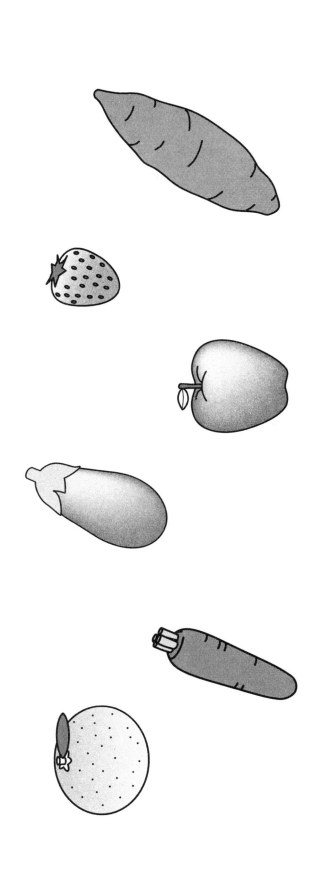

日本学習図書株式会社

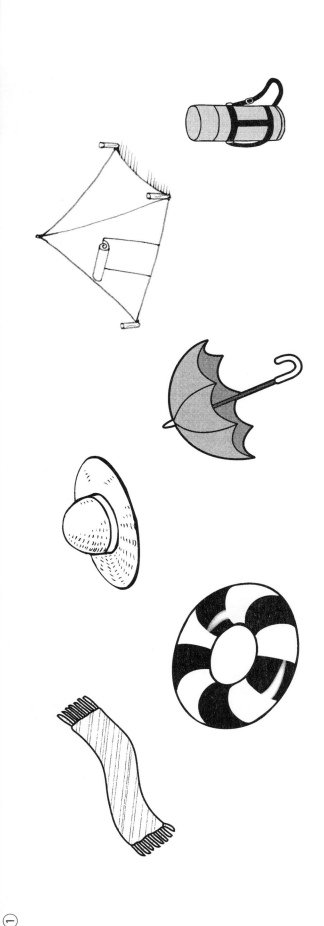

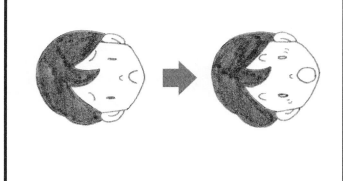

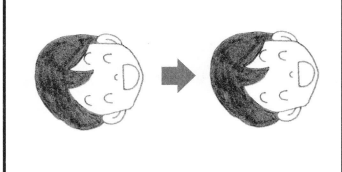

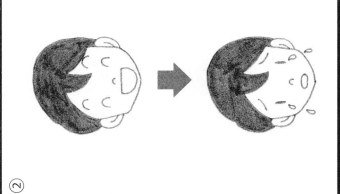

2021 年度　千葉大学附属小　過去　無断複製／転載を禁ずる　　日本学習図書株式会社

①

②

2021 年度　千葉大学附属小　過去　無断複製／転載を禁ずる　日本学習図書株式会社

日本学習図書株式会社

2021 年度　千葉大学附属小　過去　無断複製／転載を禁ずる

2021年度　千葉大学附属小　過去　無断複製/転載を禁ずる　日本学習図書株式会社

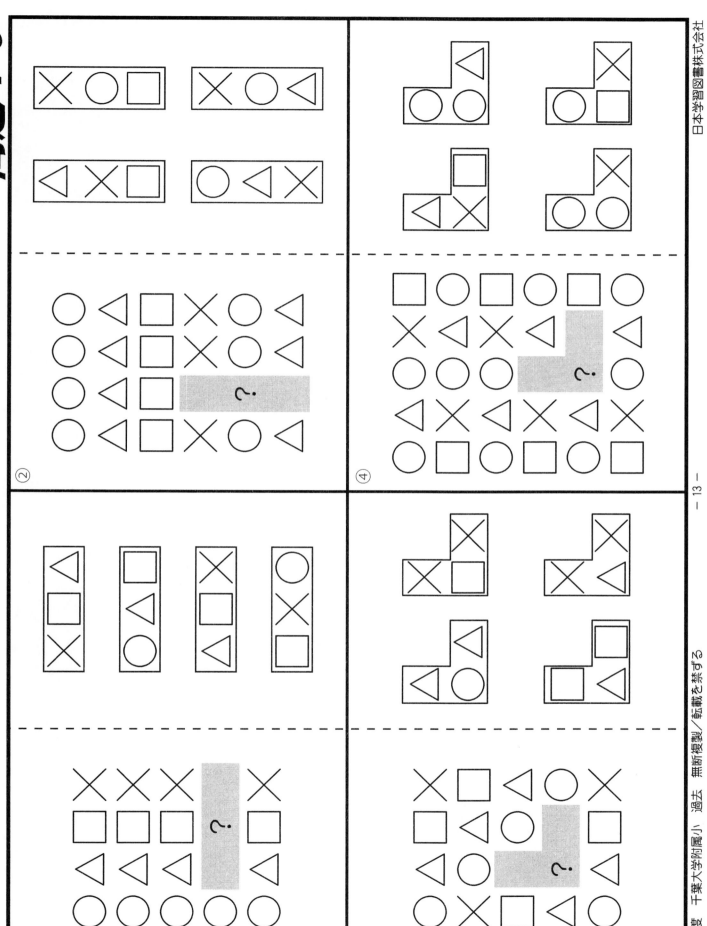

2021 年度　千葉大学附属小　過去　無断複製／転載を禁ずる　日本学習図書株式会社

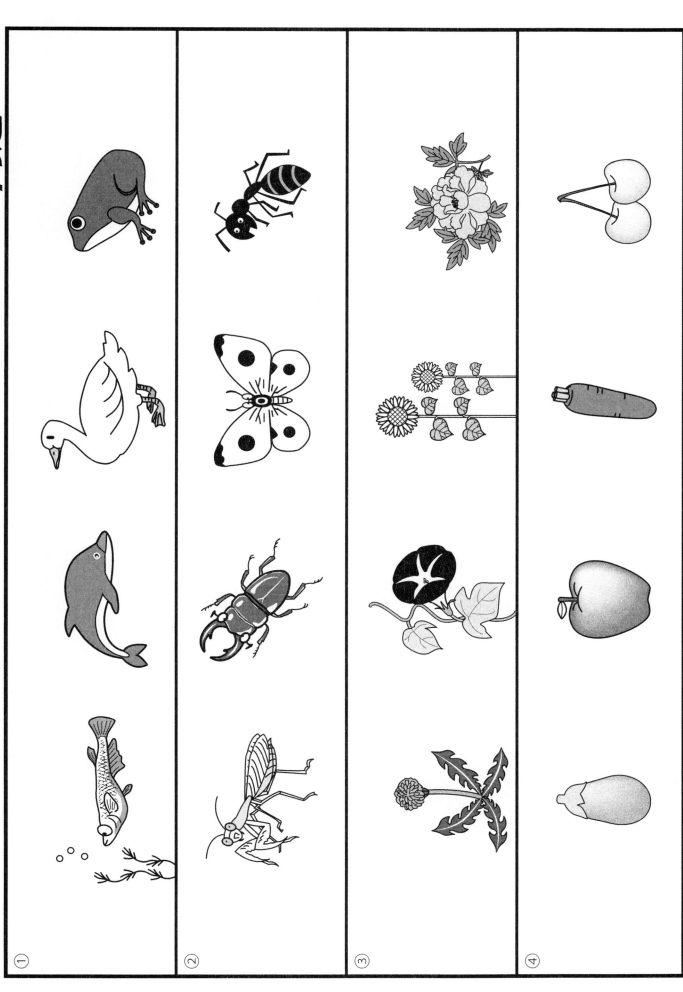

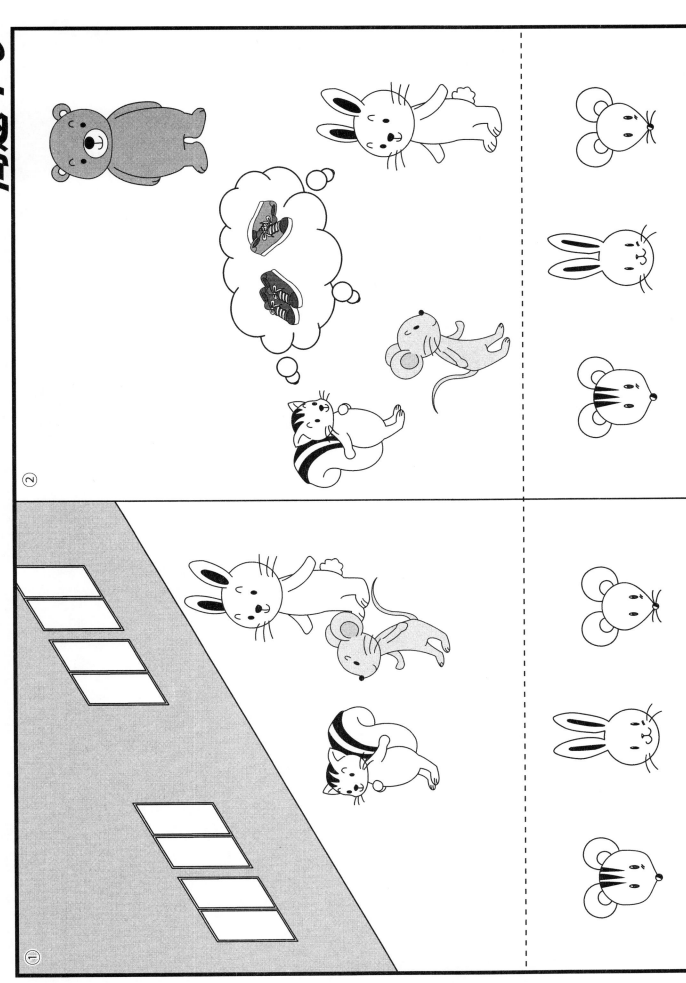

日本学習図書株式会社

日本学習図書株式会社

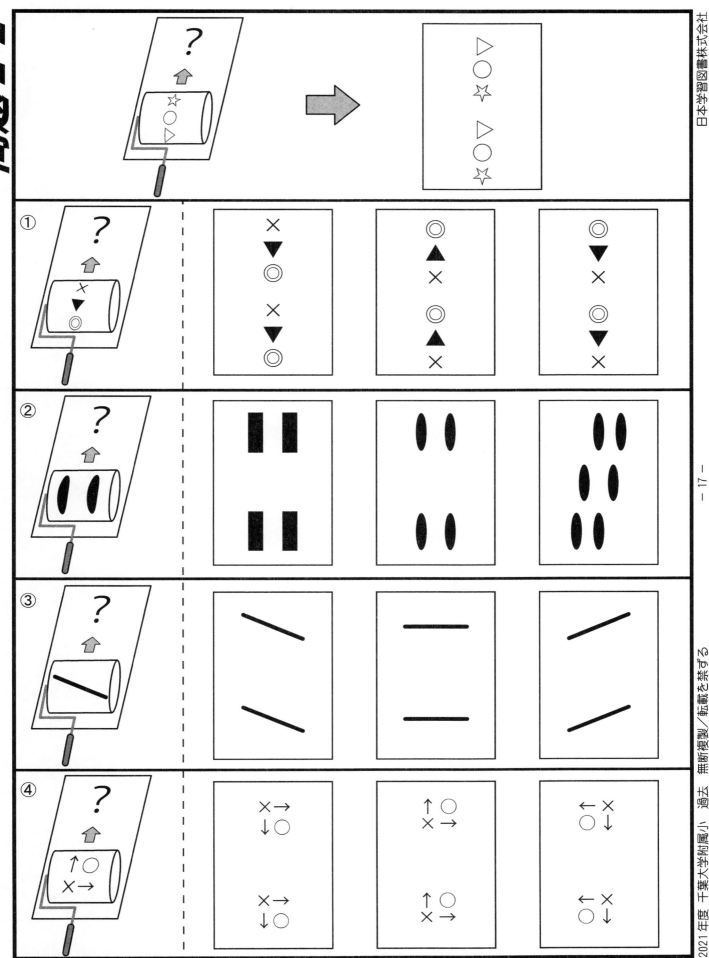

日本学習図書株式会社

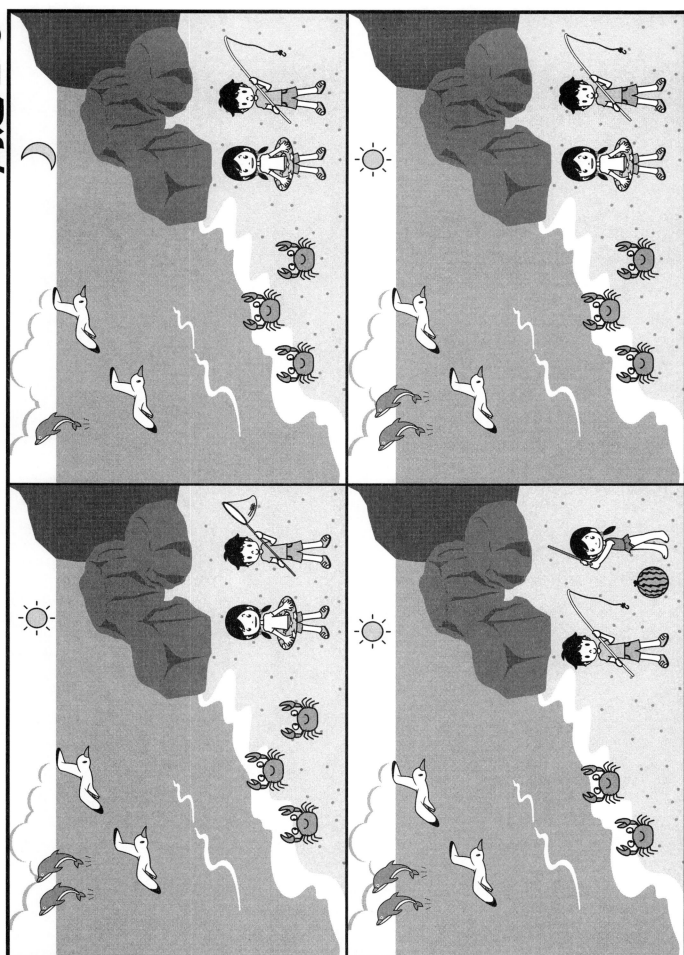

日本学習図書株式会社

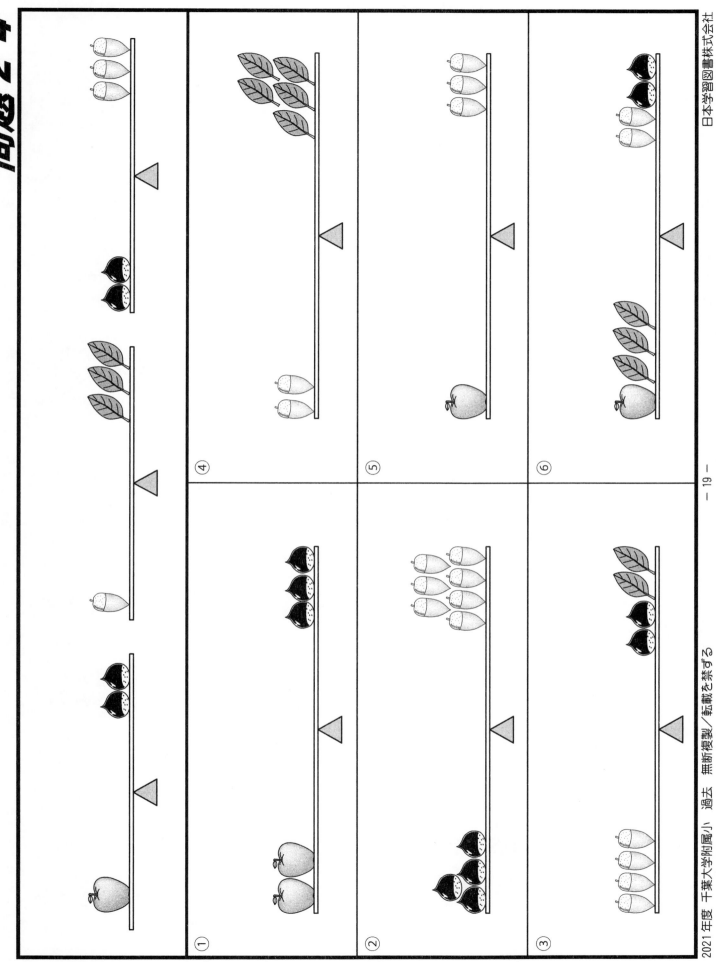

2021 年度 千葉大学附属小 過去 無断複製／転載を禁ずる　日本学習図書株式会社

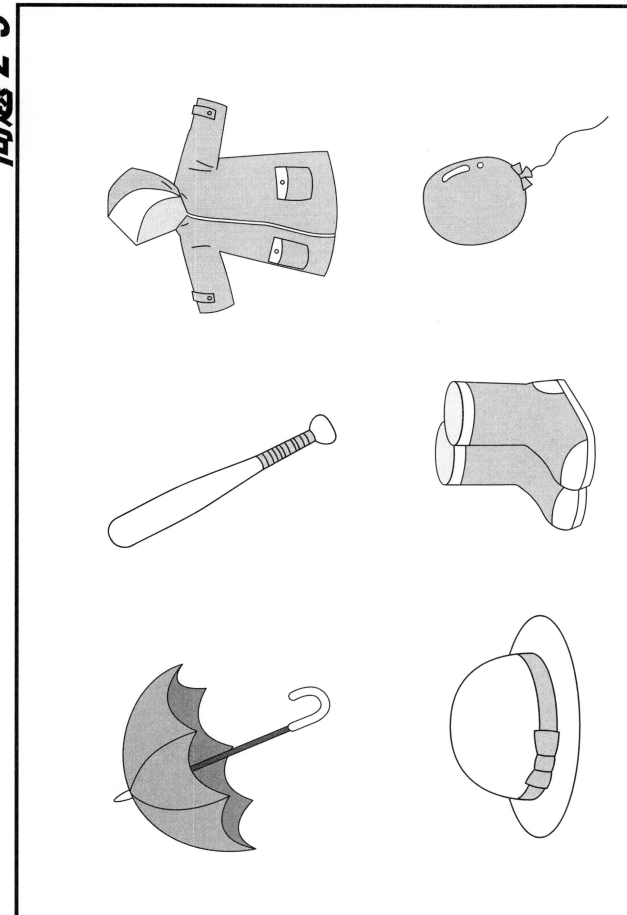

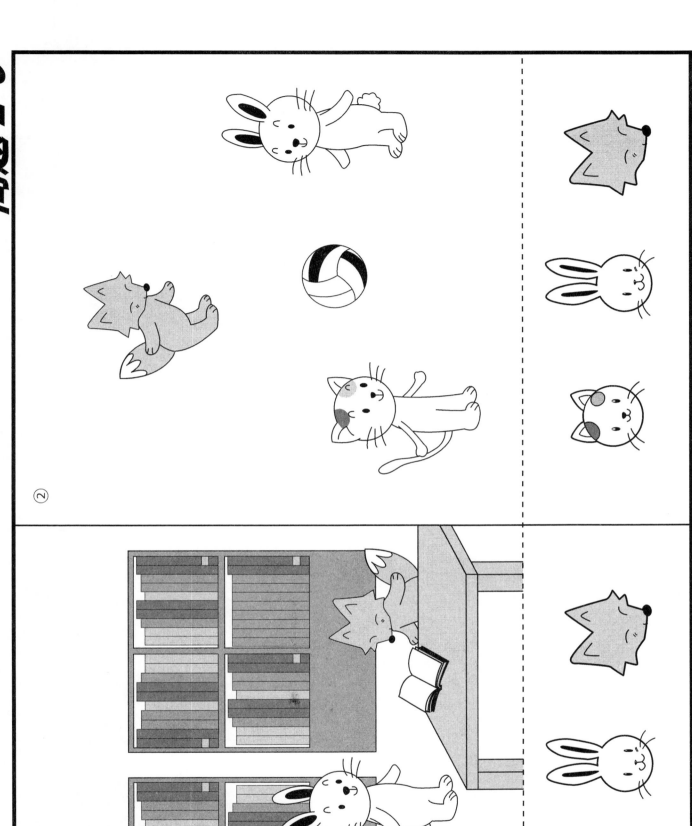

2021年度 千葉大学附属小 過去 無断複製／転載を禁ずる

日本学習図書株式会社

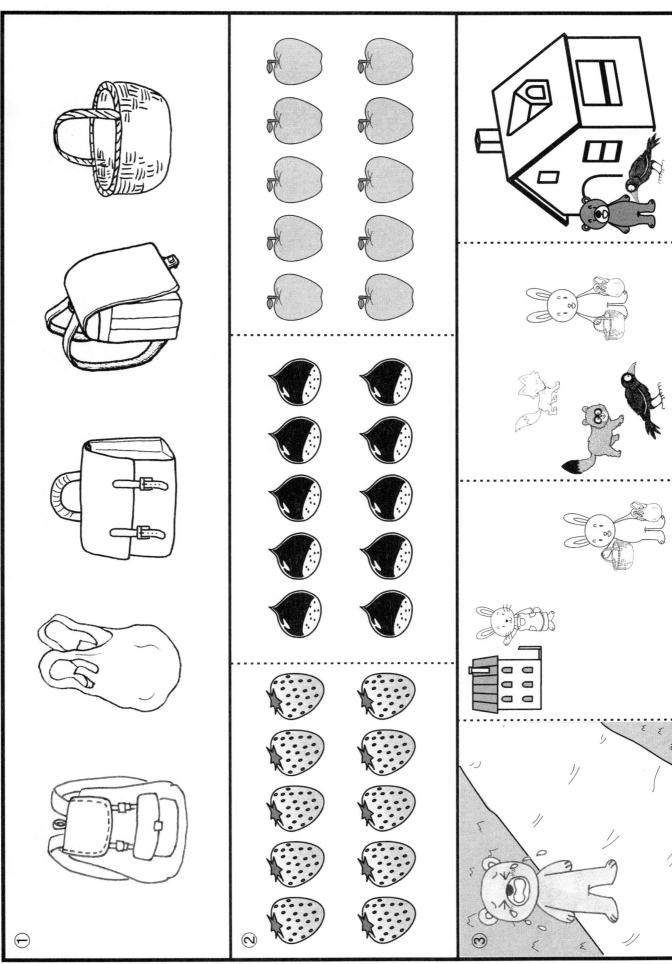

2021年度 千葉大学附属小 過去 無断複製／転載を禁ずる　日本学習図書株式会社

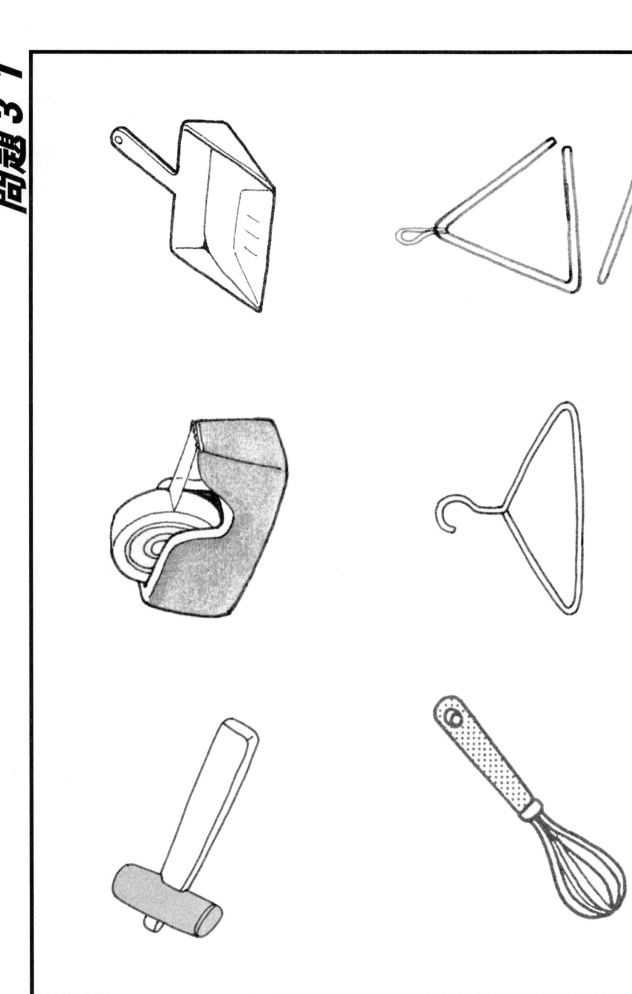

日本学習図書株式会社

日本学習図書株式会社

2021 年度 千葉大学附属小 過去 無断複製／転載を禁ずる

日本学習図書株式会社

問題３４

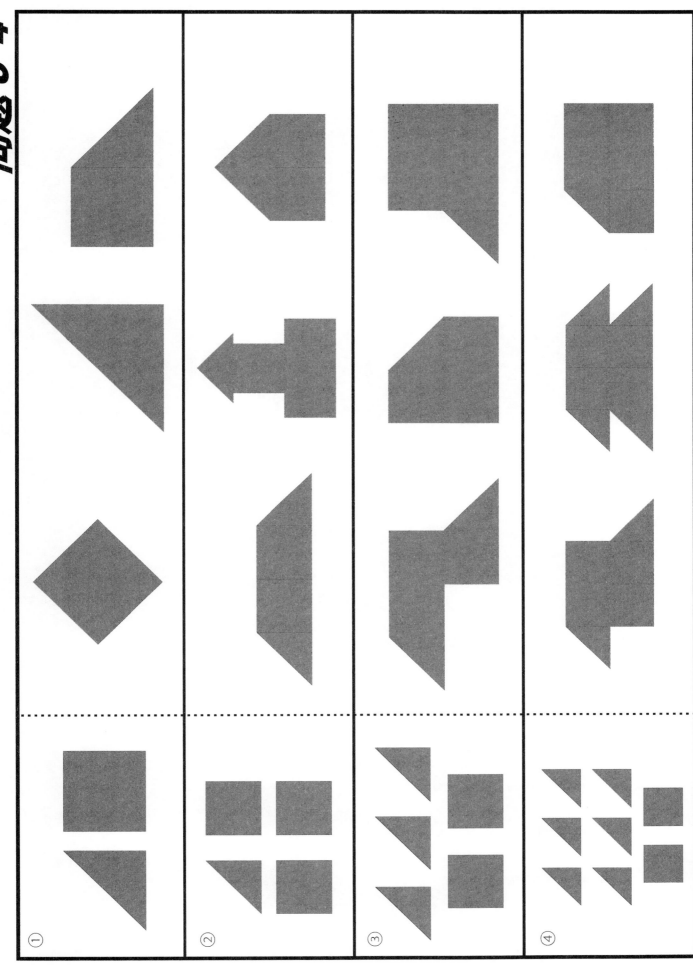

2021 年度 千葉大学附属小　過去　無断複製／転載を禁ずる　　　　日本学習図書株式会社

日本学習図書株式会社

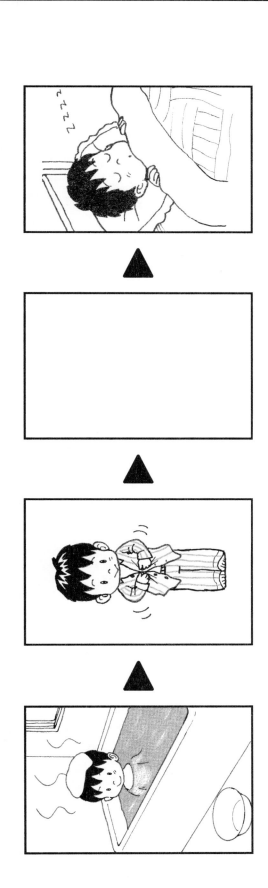

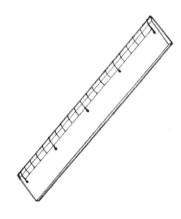

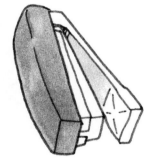

問題 4 0

日本学習図書株式会社

ご記入日 令和　　年　　月　　日

☆国・私立小学校受験アンケート☆

※可能な範囲でご記入下さい。選択肢は〇で囲んで下さい。

〈小学校名〉＿＿＿＿＿＿＿＿＿＿＿＿＿＿　〈お子さまの性別〉男・女　　〈誕生月〉＿＿月

〈その他の受験校〉（複数回答可）＿＿＿＿＿＿＿＿＿＿＿＿＿＿＿＿＿＿＿＿

〈受験日〉①：＿＿月＿＿日　〈時間〉＿＿時＿＿分　〜　＿＿時＿＿分

　　　　　②：＿＿月＿＿日　〈時間〉＿＿時＿＿分　〜　＿＿時＿＿分

〈受験者数〉男女計＿＿＿名　（男子＿＿＿名　女子＿＿＿名）

〈お子さまの服装〉＿＿＿＿＿＿＿＿＿＿＿＿＿＿＿＿＿＿＿＿＿

〈入試全体の流れ〉（記入例）準備体操→行動観察→ペーパーテスト

＿＿＿＿＿＿＿＿＿＿＿＿＿＿＿＿＿＿＿＿＿＿＿＿＿＿

Eメールによる情報提供
日本学習図書では、Eメールでも入試情報を募集しております。下記のアドレスに、アンケートの内容をご入力の上、メールをお送り下さい。
ojuken@ nichigaku.jp

●行動観察　（例）好きなおもちゃで遊ぶ・グループで協力するゲームなど

〈実施日〉＿＿月＿＿日　〈時間〉＿＿時＿＿分　〜　＿＿時＿＿分　〈着替え〉□有 □無

〈出題方法〉□肉声 □録音 □その他（　　　　　　）〈お手本〉□有 □無

〈試験形態〉□個別 □集団（　　　人程度）　　　〈会場図〉

〈内容〉

□自由遊び

＿＿＿＿＿＿＿＿＿＿＿＿＿＿＿＿＿＿

□グループ活動

＿＿＿＿＿＿＿＿＿＿＿＿＿＿＿＿＿＿

□その他

＿＿＿＿＿＿＿＿＿＿＿＿＿＿＿＿＿＿

●運動テスト（有・無）　（例）跳び箱・チームでの競争など

〈実施日〉＿＿月＿＿日　〈時間〉＿＿時＿＿分　〜　＿＿時＿＿分　〈着替え〉□有 □無

〈出題方法〉□肉声 □録音 □その他（　　　　　　）〈お手本〉□有 □無

〈試験形態〉□個別 □集団（　　　人程度）　　　〈会場図〉

〈内容〉

□サーキット運動

□走り □跳び箱 □平均台 □ゴム跳び

□マット運動 □ボール運動 □なわ跳び

□クマ歩き

□グループ活動＿＿＿＿＿＿＿＿＿＿＿＿＿＿＿＿＿＿

□その他＿＿＿＿＿＿＿＿＿＿＿＿＿＿＿＿＿＿

　　　　　日本学習図書株式会社

●知能テスト・口頭試問

〈実施日〉＿＿月＿＿日 〈時間〉＿＿時＿＿分 ～ ＿＿時＿＿分 〈お手本〉□有 □無

〈出題方法〉 □肉声 □録音 □その他（　　　　　　　） 〈問題数〉＿＿枚＿＿問

分野	方法	内　　容	詳細・イラスト
(例) お話の記憶	☑筆記 □口頭	動物たちが待ち合わせをする話	(あらすじ) 動物たちが待ち合わせをした。最初にウサギさんが来た。次にイヌくんが、その次にネコさんが来た。最後にタヌキくんが来た。 (問題・イラスト) 3番目に来た動物は誰か
お話の記憶	□筆記 □口頭		(あらすじ) (問題・イラスト)
図形	□筆記 □口頭		
言語	□筆記 □口頭		
常識	□筆記 □口頭		
数量	□筆記 □口頭		
推理	□筆記 □口頭		
その他	□筆記 □口頭		

日本学習図書株式会社

●制作　(例) ぬり絵・お絵かき・工作遊びなど

〈実施日〉＿＿＿月＿＿日　〈時間〉＿＿＿時＿＿分　〜　＿＿時＿＿分

〈出題方法〉　□肉声　□録音　□その他（　　　　　　　）　〈お手本〉□有　□無

〈試験形態〉　□個別　□集団（　　　　人程度）

材料・道具	制作内容
□ハサミ □のり（□つぼ □液体 □スティック） □セロハンテープ □鉛筆 □クレヨン（　色） □クーピーペン（　色） □サインペン（　色）□ □画用紙（□A4 □B4 □A3 　　　□その他：　　　　） □折り紙 □新聞紙 □粘土 □その他（　　　　　　　　）	□切る　□貼る　□塗る　□ちぎる　□結ぶ　□描く　□その他（　　　　　） タイトル：＿＿＿＿＿＿＿＿＿＿＿＿＿＿＿

●面接

〈実施日〉＿＿＿月＿＿日　〈時間〉＿＿＿時＿＿分　〜　＿＿時＿＿分　〈面接担当者〉＿＿＿名

〈試験形態〉□志願者のみ（　　）名　□保護者のみ　□親子同時　□親子別々

〈質問内容〉

□志望動機　□お子さまの様子

□家庭の教育方針

□志望校についての知識・理解

□その他（　　　　　　　　　　　　　）

（　詳　細　）

・

・

・

・

※試験会場の様子をご記入下さい。

例

校長先生　教頭先生

Ⓕ　Ⓒ　Ⓜ

出入口

●保護者作文・アンケートの提出（有・無）

〈提出日〉　□面接直前　□出願時　□志願者考査中　□その他（　　　　　　　）

〈下書き〉　□有　□無

〈アンケート内容〉

（記入例）当校を志望した理由はなんですか（150字）

日本学習図書株式会社

●説明会（□有　□無）〈開催日〉＿＿月＿＿日〈時間〉＿＿時＿＿分　～　＿＿時＿＿分

〈上履き〉　□要　□不要　〈願書配布〉　□有　□無　〈校舎見学〉□有　□無

〈ご感想〉

```



```

●**参加された学校行事** (複数回答可)

公開授業〈開催日〉＿＿月＿＿日〈時間〉＿＿時＿＿分　～　＿＿時＿＿分

運動会など〈開催日〉＿＿月＿＿日〈時間〉＿＿時＿＿分　～　＿＿時＿＿分

学習発表会・音楽会など〈開催日〉＿＿月＿＿日〈時間〉＿＿時＿＿分　～　＿＿時＿＿分

〈ご感想〉

※是非参加したほうがよいと感じた行事について

```


```

●**受験を終えてのご感想、今後受験される方へのアドバイス**

※対策学習（重点的に学習しておいた方がよい分野）、当日準備しておいたほうがよい物など

```



```

＊＊＊＊＊＊＊＊＊＊＊　ご記入ありがとうございました　＊＊＊＊＊＊＊＊＊＊＊

必要事項をご記入の上、ポストにご投函ください。

　　なお、本アンケートの送付期限は入試終了後３ヶ月とさせていただきます。また、入試に関する情報の記入量が当社の基準に満たない場合、謝礼の送付ができないことがございます。あらかじめご了承ください。

ご住所：〒＿＿＿＿＿＿＿＿＿＿＿＿＿＿＿＿＿＿＿＿＿＿＿＿＿＿＿＿＿＿＿＿＿＿＿

お名前：＿＿＿＿＿＿＿＿＿＿＿＿＿＿＿＿　メール：＿＿＿＿＿＿＿＿＿＿＿＿＿＿＿

ＴＥＬ：＿＿＿＿＿＿＿＿＿＿＿＿＿＿＿＿　ＦＡＸ：＿＿＿＿＿＿＿＿＿＿＿＿＿＿＿

アンケートのご記入
ありがとうございました

　　　　　　　　　　　　　　　　　日本学習図書株式会社

分野別 小学入試練習帳 ジュニアウォッチャー

1.	点・線図形	小学校入試で出題頻度の高い「点・線図形」の模写を、難易度の低いものから段階別に幅広く練習することができるように構成。
2.	座標	図形の位置を模写するという作業を、難易度の低いものから段階別に練習できるように構成。
3.	パズル	様々なパズルの問題を難易度の高い、低いものから段階別に練習できるように構成。
4.	同図形探し	小学校入試で出題頻度の高い、同図形選びの問題を繰り返し練習し、理解を深められるように構成。
5.	回転・展開	図形などを回転、または展開したとき、形がどのように変化するかを学習し、理解を深めるように構成。
6.	系列	数、図形などの様々な系列問題を、難易度の低いものから段階別に構成。
7.	迷路	迷路の問題を繰り返し練習できるように構成。
8.	対称	対称に関する問題を4つのテーマに分類し、各テーマごとに段階別に練習できるように構成。
9.	合成	図形の合成に関する問題を、難易度の低いものから段階別に練習できるように構成。
10.	四方からの観察	もの（立体）を様々な角度から見て、どのように見えるかを推理する問題を段階別に整理し、1つの形式で複数の問題を練習できるように構成。
11.	いろいろな仲間	もの・動物・植物などの共通点を見つけ、分類していく問題を中心に構成。
12.	日常生活	日常生活における様々な問題を6つのテーマに分類し、各テーマごとに一つ一つの問題形式で構成。
13.	時間の流れ	「時間」に着目し、様々なものごとは、時間が経過するとどのように変化するのかという「時の流れ」を学習し、理解できるように構成。
14.	数える	様々なものを『数える』ことから、数の多少の判定やたし算、わり算の基礎までを練習できるように構成。
15.	比較	比較に関する様々なものを5つのテーマ（数、高さ、長さ、量、重さ）に分類し、各テーマごとに問題を段階別に構成。
16.	積み木	数える対象を積み木に限定した問題集。
17.	言葉の音遊び	言葉の音に関する様々な問題を5つのテーマに分類し、各テーマごとに練習できるように構成。
18.	いろいろな言葉	表現力をより豊かにするいろいろな言葉として、擬態語や擬声語、反意語、同音異義語、数詞を取り上げた問題集。
19.	お話の記憶	お話を聴いてその内容を記憶し、設問に答える形式の問題集。
20.	見る記憶・聴く記憶	「見て憶える」「聴いて憶える」という「記憶」分野に特化した問題集。
21.	お話作り	いくつかの絵を元にしてお話を作る練習をして、想像力を養うことができるように構成。
22.	想像画	描かれた形や色からいろいろな想像をし、想像力を養うことができるように構成。
23.	切る・貼る・塗る	小学校入試で出題頻度の高い、はさみやのりなどを用いた巧緻性の問題を繰り返し練習できるように構成。
24.	絵画	小学校入試で出題頻度の高い、お絵かきやぬり絵などクレヨンやクーピーペンを用いた巧緻性の問題を繰り返し練習できるように構成。
25.	生活巧緻性	小学校入試で出題頻度の高い日常生活の様々な場面における巧緻性の問題集。
26.	文字・数字	ひらがなの清音、濁音、拗音、拗長音、促音と1～20までの数字に焦点を絞り、練習できるように構成。
27.	理科	小学校入試で出題頻度が高くなりつつある理科的な問題を集めた問題集。
28.	運動	出題頻度の高い運動問題を種目別に分けて構成。
29.	行動観察	項目ごとに問題提起し、「このような時はどうか、あるいはどう対応するのか」と、一問一問絵を見ながら話し合い、考える形式の問題集。
30.	生活習慣	学校から家庭に提起された問題と思って、一問一問、考える形式の問題集。
31.	推理思考	数、量、言語、常識（含理科、一般）など、諸々のジャンルから問題を構成し、「推理・思考」する問題集。近年の小学校入試問題傾向に沿って構成。
32.	ブラックボックス	箱の中を通ると、どのように変化するかお約束を考える問題集。
33.	シーソー	重さを比べるものをシーソーに乗せた時どちらが重いのか、また釣り合うのかを考える基礎的な問題集。
34.	季節	様々な行事や植物などを季節別に分類できるように知識をつける問題集。
35.	重ね図形	小学校入試で頻繁に出題されている「図形の重ね合わせ」についての問題を集めました。
36.	同数発見	様々な物を数え、「同じ数」を発見し、数の多少の判断や数の認識の基礎を学べる問題集。
37.	選んで数える	様々なものの数を正しく数える学習をする問題集。
38.	たし算・ひき算1	数の学習の基本となる、いろいろなものの数を正しく数え、たし算とひき算の基礎を身につけるための問題集。
39.	たし算・ひき算2	数字を使わず、たし算とひき算の基礎を身につけるための問題集。
40.	数を分ける	数を等しく分ける問題です。等しく分けたときに余りが出るときもあります。
41.	数の構成	ある数がどのような数で構成されているかを学んでいきます。
42.	一対多の対応	一対多の対応から、一対多の対応を、かけ算の考え方の基礎として学びます。
43.	数のやりとり	あげたり、もらったり、数の変化をしっかりと学びます。
44.	見えない数	指定された条件から数を導き出します。
45.	図形分割	図形の分割に関する問題集。パズルや合成の分野にも通じる様々な問題を集めました。
46.	回転図形	「回転図形」に関する問題集。やさしい問題から始め、いくつかの代表的なパターンから、段階を踏んで学習できるよう編集されています。
47.	座標の移動	「マス目の座標から指示された座標に移動する問題」と「指示された数だけ移動する問題」を収録。
48.	鏡図形	鏡で左右反転させた時の見え方を考えます。平面図形から立体図形、文字、絵まで。
49.	しりとり	すべての学習の基礎となる「言葉」を増やすこと、さらに「言葉」を正しく使うことを目標とします。
50.	観覧車	観覧車やメリーゴーラウンドなどを舞台にした「回転系列」の問題集。「推理思考」分野の問題ですが、要素として「図形」や「数量」も含みます。
51.	運筆①	鉛筆の持ち方を学び、点線なぞり、お手本を見ながらの模写で、線を引く練習をします。
52.	運筆②	運筆①からさらに発展し、「欠所補完」や「迷路」などを楽しみながら、より複雑な鉛筆運びを習得することを目指します。
53.	四方からの観察 積み木編	積み木を使用した「四方からの観察」に関する問題を集めました。
54.	図形の構成	見本の図形がどのような部分によって形づくられているかを考えます。
55.	理科②	理科的知識に関する問題を集中して練習する「常識」分野の問題集。
56.	マナーとルール	道路や駅、公共の場でのマナー、安全や衛生に関する常識を学べるように構成。
57.	置き換え	さまざまな具体的、抽象的事象を記号で表す「置き換え」の問題を扱います。
58.	比較②	長さ・高さ・体積・数などを数学的に「比較」できるように構成。
59.	欠所補完	線のつながり、欠けた絵に当てはまるものなどを求める「欠所補完」に関する問題集です。
60.	言葉の音（おん）	しりとり、決まった順番の音をつなげるなど、「言葉の音」に関する練習問題集です。

◆◆ニチガクのおすすめ問題集◆◆
より充実した家庭学習を目指し、ニチガクではさまざまな問題集をとりそろえております!!

サクセスウォッチャーズ（全18巻）

①〜⑱
本体各￥2,200＋税

全9分野を「基礎必修編」「実力アップ編」の2巻でカバーした、合計18冊。

各巻80問と豊富な問題数に加え、他の問題集では掲載していない詳しいアドバイスが、お子さまを指導する際に役立ちます。

各ページが、すぐに使えるミシン目付き。本番を意識したドリルワークが可能です。

ジュニアウォッチャー（既刊60巻）

①〜⑥⑩ （以下続刊）
本体各￥1,500＋税

入試出題頻度の高い9分野を、さらに60の項目にまで細分化。基礎学習に最適のシリーズ。

苦手分野におけるつまずきを、効率よく克服するための60冊です。

ポイントが絞られているため、無駄なく高い効果を得られます。

国立・私立 NEW ウォッチャーズ

言語／理科／図形／記憶
常識／数量／推理
本体各￥2,000＋税

シリーズ累計発行部数40万部以上を誇る大ベストセラー「ウォッチャーズシリーズ」の趣旨を引き継ぐ新シリーズ!!

実際に出題された過去問の「類題」を32問掲載。全問に「解答のポイント」付きだから家庭学習に最適です。「ミシン目」付き切り離し可能なプリント学習タイプ！

実践 ゆびさきトレーニング①・②・③

本体各￥2,500＋税

制作問題に特化した一冊。有名校が実際に出題した類似問題を35問掲載。

様々な道具の扱い（はさみ・のり・セロハンテープの使い方）から、手先・指先の訓練（ちぎる・貼る・塗る・切る・結ぶ）、また、表現することの楽しさも経験できる問題集です。

お話の記憶・読み聞かせ

［お話の記憶問題集］
中級／上級編
本体各￥2,000＋税

初級／過去類似編／ベスト30
本体各￥2,600＋税

1話5分の読み聞かせお話集①・②、入試実践編①
本体各￥1,800＋税

あらゆる学習に不可欠な、語彙力・集中力・記憶力・理解力・想像力を養うと言われているのが「お話の記憶」分野の問題。問題集は全問アドバイス付き。

分野別 苦手克服シリーズ（全6巻）

図形／数量／言語／
常識／記憶／推理
本体各￥2,000＋税

数量・図形・言語・常識・記憶の6分野。アンケートに基づいて、多くのお子さまがつまずきやすい苦手問題を、それぞれ40問掲載しました。

全問アドバイス付きですので、ご家庭において、そのつまずきを解消するためのプロセスも理解できます。

運動テスト・ノンペーパーテスト問題集

新 運動テスト問題集
本体￥2,200＋税

新 ノンペーパーテスト問題集
本体￥2,600＋税

ノンペーパーテストは国立・私立小学校で幅広く出題される、筆記用具を使用しない分野の問題を全40問掲載。

運動テスト問題集は運動分野に特化した問題集です。指示の理解や、ルールを守る訓練など、ポイントを押さえた学習に最適。全35問掲載。

口頭試問・面接テスト問題集

新 口頭試問・個別テスト問題集
本体各￥2,500＋税

面接テスト問題集
本体各￥2,000＋税

口頭試問は、主に個別テストとして口頭で出題解答を行うテスト形式。面接は、主に「考え」やふだんの「あり方」をたずねられるものです。

口頭で答える点は同じですが、内容は大きく異なります。想定する質問内容や答え方の幅を広げるために、どちらも手にとっていただきたい問題集です。

小学校受験 厳選難問集 ①・②

本体各￥2,600＋税

実際に出題された入試問題の中から、難易度の高い問題をピックアップし、アレンジした問題集。応用問題への挑戦は、基礎の理解度を測るだけでなく、お子さまの達成感・知的好奇心を触発します。

①は数量・図形・推理・言語、②は位置・常識・比較・記憶分野の難問を掲載。それぞれ40問。

国立小学校 対策問題集

国立小学校入試問題A・B・C
（全3巻）本体各￥3,282＋税

新 国立小学校直前集中講座
本体￥3,000＋税

国立小学校頻出の問題を厳選。細かな指導方法やアドバイスが掲載してあり、効率的な学習が進められます。「総集編」は難易度別にA〜Cの3冊。付録のレーダーチャートにより得意・不得意を認識でき、国立小学校受験対策に最適です。入試直前の対策には「新 直前集中講座」！

おうちでチャレンジ ①・②

本体各￥1,800＋税

関西最大級の模擬試験である小学校受験標準テストのペーパー問題を編集した実力養成に最適な問題集。延べ受験者数10,000人以上のデータを分析しお子さまの習熟度・到達度を一目で判別。

保護者必読の特別アドバイス収録！

Q＆Aシリーズ

『小学校受験で知っておくべき125のこと』
『小学校受験に関する 保護者の悩みQ＆A』
『新 小学校受験の入試面接Q＆A』
『新 小学校受験願書・アンケート文例集500』
本体各￥2,600＋書

『小学校受験のための
願書の書き方から面接まで』
本体￥2,500＋税

「知りたい！」「聞きたい！」「こんな時どうすれば…？」そんな疑問や悩みにお答えする、オススメの人気シリーズです。

ご注文
お待ち
してます!

書籍についてのご注文・お問い合わせ
☎ 03-5261-8951

http://www.nichigaku.jp
※ご注文方法、書籍についての詳細は、Web サイトをご覧ください。

日本学習図書

検索

『読み聞かせ』×『質問』＝『聞く力』

お話の記憶の練習に最適

1話5分の 読み聞かせお話集①②

「アラビアン・ナイト」「アンデルセン童話」「イソップ寓話」「グリム童話」、日本や各国の民話、昔話、偉人伝の中から、教育的な物語や、過去に小学校入試でも出題された有名なお話を中心に掲載。お話ごとに、内容に関連したお子さまへの質問も掲載しています。「読み聞かせ」を通して、お子さまの『聞く力』を伸ばすことを目指します。

①巻・②巻　各48話

1話7分の読み聞かせお話集 入試実践編①

国立・私立 小学校受験 対応

最長1,700文字の長文のお話を掲載。有名でない＝「聞いたことのない」お話を聞くことで、『集中力』のアップを目指します。設問も、実際の試験を意識した設問としています。ペーパーテスト実施校の多くが「お話の記憶」の問題を出題します。毎日の「読み聞かせ」と「試験に出る質問」で、「解答のポイント」をつかんで臨みましょう！

50話収録

ニチガクの この5冊で受験準備も万全！

小学校受験入門 願書の書き方から 面接まで リニューアル版

主要私立・国立小学校の願書・面接内容を中心に、学校選びや入試の分野傾向、服装コーディネート、持ち物リストなども網羅し、受験準備全体をサポートします。

小学校受験で 知っておくべき 125のこと

小学校受験の基本から怪しい「ウワサ」まで、保護者の方々からの125の質問にていねいに解答。目からウロコのお受験本。

新 小学校受験の 入試面接Q＆A リニューアル版

過去十数年に遡り、面接での質問内容を網羅。小学校別、父親・母親・志願者別、さらに学校のこと・志望動機・お子さまについてなど分野ごとに模範解答例やアドバイスを掲載。

新 願書・アンケート 文例集500 リニューアル版

有名私立小、難関国立小の願書やアンケートに記入するための適切な文例を、質問の項目別に収録。合格を掴むためのヒントが満載！願書を書く前に、ぜひ一度お読みください。

小学校受験に関する 保護者の悩みQ＆A

保護者の方約1,000人に、学習・生活・躾に関する悩みや問題を取材。その中から厳選した200例以上の悩みに、「ふだんの生活」と「入試直前」のアドバイス2本立てで悩みを解決。

日本学習図書株式会社

保護者のてびき第2弾は2冊!!

共感必至の
小学校受験あるある
100＋α!!

リアルQ&Aで教える
そんな時はコウ

日本学習図書 代表取締役社長
後藤 耕一朗：著

『ズバリ解決!! お助けハンドブック』 〜学習編・生活編〜
各1,800円＋税

保護者のてびき② 学習編　　保護者のてびき③ 生活編

保護者のてびき①　　　　　　1,800円＋税

『子どもの「できない」は親のせい？』

第1弾も大好評！

笑いあり！厳しさあり！
じゃあ、親はいったいどうすればいいの？がわかる、
目からウロコのコラム集。
子どもとの向き合い方が変わります！

タ イ ト ル	本体価格	注文数	合 計
保護者のてびき①　子どもの「できない」は親のせい？	1,800円 (税抜)	冊	冊
保護者のてびき②　ズバリ解決!! お助けハンドブック〜学習編〜	1,800円 (税抜)	冊	(税込み)
保護者のてびき③　ズバリ解決!! お助けハンドブック〜生活編〜	1,800円 (税抜)	冊	円

10,000円以上のご購入なら、運賃・手数料は弊社が負担！ぜひ、気になる商品と合わせてご注文ください!!

（フリガナ） 氏名	

電話	住所〒　　－	希望指定日時等
FAX		月　　　日
E-mail		時　〜　時
以前にご注文されたことはございますか。　有・無	※お受け取り時間のご指定は、「午前中」以降は約2時間おきになります。 ※ご住所によっては、ご希望にそえない場合がございます。	

★お近くの書店、または弊社の電話番号・FAX・ホームページにてご注文を受け付けております。弊社へのご注文の場合、お支払いは現金、またはクレジットカードによる「代金引換」となります。また、代金には消費税と送料がかかります。
★ご記入いただいた個人情報は、弊社にて厳重に管理いたします。なお、ご購入いただいた商品発送の他に、弊社発行の書籍案内、書籍に関する調査に使用させていただく場合がございますので、予めご了承ください。
※落丁・乱丁以外の理由による商品の返品・交換には応じかねます。

Mail：info@nichigaku.jp / TEL：03-5261-8951 / **FAX：03-5261-8953**

日本学習図書 ニチガク

家庭学習をトータルサポート！ ニチガクのオリジナル 効果的 学習法

1 まずは アドバイスページを読む！

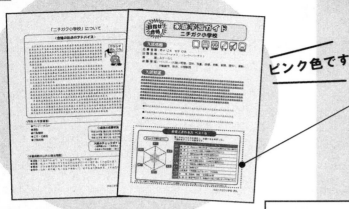

ピンク色です

対策や試験ポイントがぎっしりつまった「家庭学習ガイド」。分析内容やレーダーチャート、分野アイコンで、試験の傾向をおさえよう！

2 問題を全て読み、出題傾向を把握する

3 「学習のポイント」で学校側の観点や問題の解説を熟読

4 初めて過去問題にチャレンジ！

5 プラスα 対策問題集や類題で力を付ける

おすすめ対策問題集

分野ごとに対策問題集をご紹介。苦手分野の克服に最適です！
＊専用注文書付き。

過去問のこだわり

各問題に求められる「力」

分野だけでなく、各問題の求められる「力」をアイコンで表記！アドバイスページの分析レーダーチャートで力のバランスも把握できる！

各問題のジャンル

問題1 分野：数量（計数）　　　　　　　　　集中｜観察

〈準備〉 クレヨン

〈問題〉 ①虫がたくさんいます。それぞれの虫は何匹いますか。下のそれぞれの絵の右側に、その数だけ緑色のクレヨンで○を書いてください。
②果物が並んでいます。それぞれの果物はいくつありますか。下のそれぞれの絵の右側に、その数だけ赤色のクレヨンで○を書いてください。

〈時間〉 1分

〈解答〉 ①アメンボ…5、カブトムシ…8、カマキリ…11、コオロギ…9
②ブドウ…6、イチゴ…10、バナナ…8、リンゴ…5

出題年度

［2017年度出題］

🖊 学習のポイント

①は男子、②は女子で出題されました。1次試験のペーパーテストは、全体的にオーソドックスな内容で、特別に難易度が高い問題ではありません。しかし、解答時間が短く、解き終わらない受験者も多かったようです。本問のような計数問題では、特に根気よく、数え落としがないように進めなければなりません。そのためにも、例えば、左上の虫から右に見ていく、もしくは縦に見ていく、というように、ルールを決めて数えていくこと、また、○や×、△などの印を虫ごとに付けていくことで、数え落としのミスを減らせます。時間は短いため焦りがつきものですが、落ち着いて取り組めるよう、少しずつ練習していきましょう。

【おすすめ問題集】
Jr・ウォッチャー14「数える」、37「選んで数える」

学習のポイント

各問題の解説や学校の観点、指導のポイントなどを教えます。
今日から保護者の方が家庭学習の先生に！

2021年度版
千葉大学教育学部附属小学校　　過去問題集

発行日	2020年8月23日
発行所	〒162-0821　東京都新宿区津久戸町 3-11 TH1 ビル飯田橋 9F
	日本学習図書株式会社
電話	03-5261-8951 ㈹

ISBN978-4-7761-5309-2

C6037 ￥2000E

定価　本体2,000円＋税

9784776153092

1926037020004

詳細は http://www.nichigaku.jp　日本学習図書　　検 索